Andreas Erle

Digitale Welt einfach erklärt

Alle Daten sicher

Stiftung Warentest

Inhaltsverzeichnis

88

Wie kreieren Sie ein gutes Passwort und was bietet sogar noch mehr Schutz?

136

Ab in die Cloud: Bei welchen Cloudanbietern sind Ihre Daten gut aufgehoben?

151

Bloß keine Panik! Wie können Sie Ihre Daten retten, notfalls sogar ohne Backup?

Ihre Daten – Ihr Schatz!

Egal, was Sie an eigenen Dingen schaffen, diese sind oft einzigartig. Bilder, Filme, Dokumente – all diese Daten haben einen Wert. Nicht unbedingt einen monetären, einen ideellen aber auf jeden Fall. Stellen Sie sicher, dass dieser Schatz nicht verloren geht!

Daten sind wertvoll

Unser Leben ist heute fast vollständig digital dokumentiert: Wir fotografieren digital, erhalten Rechnungen und wichtige Dokumente per E-Mail und arbeiten an beruflichen und privaten Projekten in digitalen Ordnern. Stellen Sie sich vor, all diese Daten wären plötzlich weg – ein Albtraum! Fast genauso schlimm: Jemand, der Ihnen nicht wohlgesonnen ist, bekommt diese Daten in die Finger. Beides kann passieren. Mehr über die Gefahren, die Ihren Daten drohen, lesen Sie in Kapitel 3.

Sie können Ihre Daten schützen

Wir wollen Ihnen mit diesem Buch aber keine Angst machen. Im Gegenteil: Ein digitaler Datenschatz ist nicht nur wertvoll, sondern auch sehr praktisch. Um gut damit arbeiten zu können, sollten Sie jedoch für eine gewisse „digitale Ordnung" sorgen. Wie das geht, lesen Sie im zweiten Kapitel. Sobald Sie sich einen Überblick über Ihre Daten verschafft haben, können Sie diese mit einfachen Maßnahmen schützen. In Kapitel 4 lernen Sie die Grundprinzipien der Datensicherheit kennen und erfahren, welche Verhaltensregeln sich daraus für Ihren digitalen Alltag ableiten lassen. Doch auch die Technik bietet Schutz: durch die richtigen Einstellungen etwa am Router und im Browser, durch Antivirenprogramme und Passwortmanager und nicht zuletzt durch eine gute Backup-Strategie. Worauf Sie dabei achten sollten, lesen Sie in Kapitel 5. Wenn Sie all das beherzigen, werden Sie das sechste Kapitel – die Soforthilfe im Verlustfall – wahrscheinlich gar nicht brauchen.

Warum digitalisieren?

Bevor Sie mehr über über die sichere Aufbewahrung digitaler Daten erfahren, soll es zunächst um das Thema Digitalisierung gehen. Denn viele Ihrer Erinnerungen sind vielleicht noch analog – das Fotoalbum, die Heiratsurkunde, eine wichtige Rechnung. Oft lohnt es sich, diese Daten zu digitalisieren, aus mehreren Gründen:

- **Mehr Sicherheit:** Ein physisches Dokument wird mit der Zeit nicht besser. Ein Foto vergilbt, das Papier des Zeugnisses wird unleserlich, eine Tasse Kaffee kippt um ... Eine digitale Kopie schafft zusätzliche Sicherheit.
- **Mehr Komfort:** In digitaler Form nehmen Ihre Dokumente nicht nur weniger Platz weg, sie lassen sich auch einfacher strukturiert ablegen, bei Bedarf bearbeiten und schnell durchsuchen.
- **Künstliche Intelligenz (KI) nutzen:** KI-Anwendungen sind auf dem Vormarsch und können uns immer mehr Aufgaben abnehmen. Vorausgesetzt, die KI hat ausreichend digitale Daten zur Verfügung. Ein KI-Tool wird die Frage „Wo sind die schönsten Strände auf der Welt?" umso besser beantworten können, je mehr Reiseberichte Sie ihm zur Verfügung stellen.

Was Sie digitalisieren können (und sollten)

In den meisten Privathaushalten hat sich im Laufe der Zeit ein großer analoger Datenschatz angesammelt, der sich mit wenig Aufwand in Dateien umwandeln und so viel sicherer und sortierter aufbewahren und nutzen lässt. Üblicherweise geht es dabei um Folgendes:

- **Fotos:** Fotoalben sind prädestiniert dafür, digitalisiert zu werden. Digital gesicherte Bilder können Sie nicht nur selbst ansehen, sondern mit wenig Aufwand an andere Menschen verschicken, bearbeiten und eine Vielzahl neuer Anwendungen erschließen.

- **Dias und Videos:** Bei Dias und Videofilmen ist der Vorteil noch spürbarer: Um diese anzusehen, brauchen Sie einen Diaprojektor und eine Leinwand, die aufgebaut werden müssen und Platz brauchen. Die digitalisierten Versionen können Sie hingegen einfach am Tablet, am Fernseher oder am PC anschauen.
- **Dokumente:** Aktenordner voller Dokumente im Schrank, im Keller oder auf dem Dachboden nehmen Platz weg und vor allem sind sie alles andere als komfortabel zu nutzen. Digitalisiert passen sie hingegen auf einen USB-Stick, den Sie sogar gegen alle möglichen Umwelteinflüsse in einem Tresor schützen können.
- **CDs, DVDs und VHS-Kassetten:** Medien, die Sie gekauft haben, können Sie durch eine digitale Kopie vor Abnutzung schützen. Ein Videoband leiert aus, eine CD oder DVD bekommt Kratzer und irgendwann ist selbst das beste Material nicht mehr in Ordnung. Viele Privatanwender haben hier Sorge, eine Sicherheitskopie anzulegen. Doch der Gesetzgeber sieht das Recht auf eine private Kopie vor. Dieses Recht bezahlen Sie mit separaten Abgaben auf all die

Info

Die Krux mit dem Kopierschutz Kopieren zum Privatzweck ist zulässig. Keine Regelung aber ohne Ausnahme: Die Kopie darf nur so angefertigt werden, dass keine technischen Kopierschutzmaßnahmen umgangen werden. DVDs und E-Books beispielsweise beinhalten eine Verschlüsselung, die eine normale Kopie verhindert. Das lässt sich mit entsprechender Software umgehen, aber dieses Entfernen des Kopierschutzes ist nicht zulässig und eine so erzeugte Kopie ist eine unrechtmäßige Raubkopie.

Medien, die für Kopien benötigt werden: CD-Rohlinge, Kopierer, Festplatten und viele mehr. Wichtig: Die Nutzung einer solchen Kopie ist nur im privaten Umfeld erlaubt, öffentlich vorführen oder gar weitergeben dürfen Sie eine solche Kopie nicht!

Digitalisieren – aber wie?

Digitalisieren ist eigentlich einfach. Ein zentrales Hilfsmittel dazu haben Sie meist direkt neben sich liegen: Ihr Smartphone und seine darin integrierte Kamera. Die allein erlaubt schon das schnelle Abfotografieren von Dokumenten. Die Kopie ist dann zwar nicht identisch mit dem Original, aber zumindest sind die wichtigsten Informationen darauf vorhanden. Generell gilt: Es gibt keine „richtige“ oder „beste“ Digitalisierungsmethode, nur die, die für Ihre Originale jeweils am besten geeignet ist.

Welches Format ist passend?

Sie kennen von Ihrem PC oder Mac unterschiedliche Dateitypen, die alle ihre Vor- und Nachteile haben: Ein digitalisierter Film wird eines der Formate für Bewegtbilder (wie MOV, MPG, AVI etc.) erfordern, Fotos hochauflösende Grafikformate (wie RAW, JPG, TIFF). Dokumente wiederum, die nicht Millionen von Farben beinhalten, können platzsparend als PDF digitalisiert werden.

Wie viel Speicherplatz wird benötigt?

Je nachdem wie Sie Dokumente digitalisieren, ist der Speicherbedarf teilweise immens groß. Es bringt Ihnen nichts, wenn Sie zehn Aktenordner ersetzen durch 20 USB-Festplatten, weil die Dateien zu groß werden. Das können Sie aber beeinflussen: Die Auflösung und Farbtiefe von Bildern, Videos und Audiodateien können Sie beim Digitalisieren festlegen.

→ **Mehr ist nicht immer besser**

Sie brauchen nicht immer die höchstmögliche Auflösung. Wichtig ist, dass die Kopie der Qualität des Originals möglichst entspricht. Ein altes, schlecht kopiertes Dokument in höchster Auflösung zu haben, kostet nur Speicher, bringt aber keinen Vorteil.

Wie wollen Sie die Daten nutzen?

Die beiden vorangegangenen Punkte werden zusätzlich beeinflusst durch die Art, wie Sie später mit Ihrem digitalisierten Dokument weiterarbeiten wollen. Bei Dokumenten geht es oft vor allem um den Text. Wenn Sie diesen weiterverwenden wollen, ist es nicht ratsam, sie als Bild zu digitalisieren. Denn die Buchstaben sind bei einem Bild nur Punktewolken, in denen Sie weder Rechtschreibfehler korrigieren noch Passagen kopieren oder löschen können. Wenn Sie stattdessen eine OCR-Software (Optical Character Recognition, Optische Zeichenerkennung) verwenden (siehe Seite 11), extrahiert diese aus dem Foto den Text und stellt ihn als bearbeitbare Textdatei zur Verfügung. Ein weiterer Vorteil: Eine Textdatei belegt viel weniger Speicher als das Bild eines Textes!

Welches Speichermedium soll es sein?

Ein analoges Dokument zu digitalisieren erfordert natürlich auch einen Datenträger, auf dem Sie das Ergebnis speichern können. Die Speichergröße eines Dokuments wird bestimmt durch die geplante weitere Verwendung. Die wiederum hat Einfluss darauf, welche Art von Datenträgern Sie verwenden. Reicht ein kleiner USB-Stick, oder muss es eine große externe Festplatte sein? Andersherum kann es auch passieren, dass Sie eine feste maximale Speichergröße haben, auf die die Dateien passen müssen. Dann müssen Sie an der Qualität der Digitalisierung Anpassungen vornehmen, denn eine geringere Qualität (Auflösung, Farbtiefe etc.) verringert automatisch die Dateigröße.

→ Auflösung in DPI

Wenn Sie Dokumente und Fotos digitalisieren wollen, dann wird deren Auflösung in DPI (Dots per Inch, Punkte pro Zoll) angegeben. Ein Zoll entspricht 2,54 Zentimetern. Je höher diese Zahl ist, desto feiner ist die Darstellung bei gleichzeitiger Erhöhung des Speicherbedarfs. Für unterschiedliche Dokumenttypen sind unterschiedliche Auflösungen empfehlenswert. Im weiteren Verlauf wird jeweils darauf hingewiesen.

Statische Dokumente scannen

Die elektronische Version eines Kopierers: ein Scanner, den Sie an Ihren PC oder Ihr Notebook anschließen. Ganz schnell geht es, wenn Sie Einzelseiten digitalisieren wollen und einen Drucker oder Scanner mit Einzelblattzufuhr haben. Dann legen Sie einfach einen Stapel von Blättern in den Vorlageneinzug (sofern vorhanden) und lassen diese in einem Rutsch einscannen. Beim Scannen von Dokumenten wird eine Auflösung von 200 dpi empfohlen. Wenn Sie den Text in einem Dokument durch eine OCR-Software in Text umwandeln lassen wollen, dann ist eine etwas höhere Auflösung von zum Beispiel 300 dpi empfehlenswert.

Multifunktionsdrucker im Test

Wir haben zuletzt im Herbst 2023 Schwarz-Weiß-Laserdrucker getestet, darunter sieben Multifunktionsgeräte mit Scan- und Kopierfunktion. Das beste Kombigerät im Test war der Canon i-Sensys MF267dw II (410 Euro). Eine günstigere Alternative ist das Kombigerät Brother DCP-L2550DN (278 Euro), das Texte sehr gut scannt und druckt und sie gut kopiert.

Info

Besser den Profi machen lassen? Digitalisierung ist schon lange kein reines Profithema mehr, allerdings sind nicht alle analogen Medien gleich gut und einfach in digitale Pendants umwandelbar. Hier müssen Sie von Fall zu Fall entscheiden, ob ein Profi vielleicht doch die Kosten wert ist. Gerade wenn es um ältere, von der Qualität her nicht mehr so hochwertige Medien wie Super-8-Filme oder alte Fotos geht, dann hat der Profi die entsprechende (teure) Hard- und Software, das Beste aus diesen herauszuholen.

Tinten-Multifunktionsdrucker haben wir im Frühjahr 2023 getestet. Testsieger (und zugleich der umweltfreundlichste Drucker im Test) war der Canon Maxify GX4050 für rund 500 Euro. Eine deutlich günstigere Alternative für Wenigdrucker ist der Epson Workforce WF-2960DWF für 122 Euro, der allerdings beim Scannen nicht ganz so gut abschneidet. Beide Geräte haben einen automatischen Vorlageneinzug.

Details zu den Tests können Sie nachlesen unter: test.de/drucker. Hier finden Sie auch eine Entscheidungshilfe zur Grundsatzfrage „Laser oder Tinte?“

Texterkennung mithilfe einer OCR-Software

Wie bereits erwähnt, geht es beim Digitalisieren von Dokumenten oft in erster Linie um den Text. Diesen wollen Sie vielleicht auf Ihrem Rechner direkt weiterverarbeiten, in eigene Texte integrieren oder als bearbeitbare Datei ablegen. Dann brauchen Sie eine OCR-Software. Derartige Programme sind aber meist recht teuer oder von der Qualität der Erkennung nicht besonders gut. Eine gute Alternative sind kostenlose Onlinedienste wie PDF24.org:

1 Öffnen Sie die Webseite PDF24.org im Browser Ihres Rechners.
2 Klicken Sie auf *PDF-Tools*, dann auf *Text per OCR erkennen*.

3 Ziehen Sie das gescannte Bild mit dem Text in das Fenster auf dem Bildschirm.

4 Wählen Sie unten die Sprache des Textes aus und klicken Sie dann auf *OCR starten*.

5 Die Webseite macht jetzt eine durchsuchbare PDF-Datei aus dem Bild. Der Text wird dabei erkannt.

6 Klicken Sie auf *Vorschau*, um eine Voransicht angezeigt zu bekommen und den Text daraus direkt kopieren zu können, oder auf *Download*, um die PDF-Datei herunterzuladen und den Text später daraus weiterzuverwenden.

Bilder und Dias scannen

Auch für Papierfotos und Dias ist der Scanner das Gerät der Wahl. Ein Foto sollte mindestens mit einer Auflösung von 300 dpi gescannt werden, wenn Sie es später wieder drucken möchten. Diese Auflösung reicht aus, wenn es in derselben Größe wie das Original ausgedruckt werden soll. An einem Beispiel: Ein 10 mal 15 Zentimeter großes Papierbild lässt sich mit 300 dpi gescannt in 10 mal 15 Zentimetern gut ausdrucken. Sollten Sie hingegen einen Ausdruck in der Größe 20 mal 30 Zentimeter planen, dann muss beim Scannen als Auflösung 600 dpi eingestellt werden. Doppelte Größe, doppelte Auflösung. Das ist allerdings nicht endlos fortführbar: Über 1200 dpi hat das Original einfach keine zusätzlichen Bildinformationen mehr, die der Scanner aufnehmen kann. Soll das Bild auf einer Internetseite verwendet werden, reicht im Normalfall eine Auflösung von 72 dpi.

Bei Dias – die bei vielen von uns noch kistenweise auf dem Dachboden verstauben – kommt eine weitere Herausforderung auf Sie zu: Ein Dia ist darauf ausgelegt, in einem Projektor an die Wand geworfen zu werden. Ein normaler Scanner kann aus einem Dia kein Bild extrahieren. Dafür gibt es spezielle Diascanner oder Aufsätze auf bestehende Scanner. Dasselbe gilt für Negative von Fotos. Hier sollten Sie überlegen, ob es sich für Sie lohnt, sich ein solches Gerät anzuschaffen. Wenn die Digitalisierung Ihrer Negativ- oder Diasammlung nicht eine einmalige Sache ist, ist es oft sinnvoller, dies einen Dienstleister machen zu lassen.

Scannen – so wird's gemacht

Zu Ihrem Scanner bekommen Sie eine CD (oder einen Download) mit der zugehörigen Software. Installieren Sie diese und schauen Sie im Handbuch nach, wie Sie die Scanfunktion starten. Meist geht es so:

1 Wählen Sie das *Scanprofil* aus (meist stehen Foto und Dokumente zur Wahl).

2 Die *Auflösung* (in dpi) wird durch die Auswahl des Scanprofils meist schon vorausgefüllt, Sie können sie auch manuell anpassen.

3 Schwarz-Weiß-Dokumente nehmen weniger Speicherplatz weg als farbige. Wählen Sie das Ausgabeformat also mit Bedacht!

Info

Onlinedienste? Vertrauenssache Eine Betrachtung, die Sie durch dieses Buch begleiten wird: Wenn Sie Daten nicht lokal speichern oder verarbeiten, dann geben Sie wissentlich Ihre Informationen an Dritte, die Sie nicht kennen. Gerade bei Diensten, die unbekannter sind, sollten Sie abwägen, ob das wirklich eine gute Idee ist. Je vertraulicher die Informationen sind, desto eher sollte die Antwort auf diese Frage „Nein" lauten.

4 Legen Sie das zu scannende Dokument oder Foto auf das Scannerglas.

5 Wenn Sie ein Foto oder eine andere Vorlage scannen wollen, die nicht das komplette Scannerglas bedeckt, sollten Sie vorher über die entsprechende Funktion eine Vorschau scannen: Der Scanner erkennt in den meisten Fällen die kleinere Vorlage und zieht automatisch einen Rahmen um das zu scannende Objekt. Passt der nicht, können Sie mit der Maus manuell einen passenden Rahmen drumherum ziehen.

6 Starten Sie den Scan durch einen Klick auf *Scannen*.

7 Nachdem der Scanner seine Arbeit getan hat, sagen Sie dem Programm, auf welchem *Datenträger* und in welchem *Verzeichnis* die Datei abgelegt werden soll.

8 Bei der Verwendung eines Vorlageneinzugs fragt die Scansoftware vorher ab, wo die Dateien abgelegt werden und wie sie heißen sollen. Sie können dann festlegen, ob Sie eine Gesamtdatei mit allen Seiten haben möchten oder eine Datei pro Blatt.

Videofilme digitalisieren

Filme – egal in welcher Form – sind nicht leicht zu digitalisieren. Oft haben Sie zwar die Filmrolle oder Videokassette, aber nicht mehr das entsprechende Abspielgerät. Und selbst wenn doch: Zusätzlich benötigen Sie eine Hardware für den PC, die aus dem analogen Film ein digitales Video macht. Auch hier gilt: Wenn es sich nur um eine einmalige Aktion handelt, dann geben Sie diese am besten in die Hände von Experten, die die Mittel und die Erfahrung haben.

CDs und DVDs digitalisieren

Das Digitalisieren von Musik-CDs und DVD-Filmen braucht keine spezielle Hardware wie einen Scanner. Sie müssen nur ein CD- beziehungsweise DVD-Laufwerk zur Verfügung haben. Ist das in Ihrem Rechner nicht integriert, bekommen Sie dies für die USB-Schnittstelle für kleines Geld bei Elektronikmärkten oder aber im Internet.

Für CDs gibt es eine kostenlose Software Exact Audio Copy (EAC) für Windows (exactaudiocopy.de), für den Mac empfiehlt sich XLD (sourceforge.net/projects/xld/). Laden Sie das Programm herunter, dann ist das Umwandeln einer CD in Musikdateien im Handumdrehen erledigt.

1 Legen Sie die CD in das CD-Laufwerk ein und starten Sie das Programm.

2 Wenn Ihr Rechner eine aktive Internetverbindung hat, dann erkennt dieser in den meisten Fällen die Informationen der CD: Interpret, Album und die einzelnen Titelnamen werden Ihnen direkt angezeigt.

3 Ist das nicht der Fall, dann klicken Sie bei *EAC* auf *Datenbank > Hole CD-Informationen von > gewählten Metadatenlieferanten*, bei *XLD* auf *CDDB > Titelinformationen aus dem Internet abrufen*.

4 Wenn die Titelinformationen dann immer noch nicht gefunden werden, müssen Sie diese manuell eingeben: Klicken Sie in das jeweilige *Datenfeld* und tippen Sie jeden Titel nacheinander ein. Die Titelinformationen sind wichtig, denn sie werden in die Dateien geschrieben, sowohl als Dateinamen als auch als Verwaltungsinformation. Die Informationen wiederum nutzen Ihr Autoradio, Ihr Tablet oder Ihr Smartphone bei der Wiedergabe, sie werden dann auf dem Bildschirm angezeigt.

5 Sie können das *Format* und die *Qualität* manuell anpassen, wenn Sie das möchten. Die meisten Programme verwenden im Standard MP3 mit 128 kBit/s. Für die Dateigröße bedeutet das, dass eine Minute ca. 1 MB Speicherplatz einnimmt.

Info

Die Qualität von Musikdateien Bei einer Musikdatei wird die Qualität von mehreren Parametern beeinflusst. Dazu zählt das Format: In den meisten Fällen werden Sie MP3 verwenden, weil dieses Format aufgrund der Kompression der Musik das beste Verhältnis aus Qualität und Größe bietet. Wenn Sie eine wirkliche Sicherheitskopie einer CD machen wollen, dann nehmen Sie stattdessen WAV oder FLAC, die verlustfrei sind. Wichtig ist auch die Bitrate. Diese gibt die Auflösung der Aufnahme an. Hier sollten Sie mindestens 128 kBit/s verwenden, hörbar besser sind 320 kBit/s.

6 Starten Sie die Umwandlung der CD in Dateien durch einen Klick auf das *CD-Symbol* und wählen Sie das *Zielverzeichnis* aus.
7 Nach kurzer Zeit haben Sie aus der CD eine digitale Kopie gemacht, bei der jedes Lied eine einzelne Datei ist. Die können Sie auf Rechner und Smartphone wiedergeben und beliebig archivieren.

Wenn Sie eine DVD haben, von der Sie eine Sicherheitskopie erstellen wollen, dann können Sie dafür die kostenlose Software Handbrake (handbrake.fr) verwenden, die es für PC und Mac gibt. Wichtig dabei: Dies funktioniert aus den oben beschrieben rechtlichen Gründen nicht bei allen DVDs. Sobald eine DVD einen Kopierschutz hat (was bei den meisten kommerziellen DVDs der Fall ist), erzeugt das Programm zwar eine Videodatei, diese ist aber nicht vernünftig wiederzugeben. Ruckler, Blockungen, Tonstörungen machen Kopie mehr oder minder unbrauchbar, eben darin besteht der Kopierschutz. Für DVDs ohne Kopierschutz können Sie über Handbrake mit wenigen Klicks eine digitale Kopie des darauf enthaltenen Films erstellen.

1 Legen Sie die DVD ins Laufwerk ein und starten Sie dann *Handbrake*.

2 Im Normalfall startet Ihr Rechner die Wiedergabe der DVD direkt. Brechen Sie die Wiedergabe ab, indem Sie das DVD-Player-Programm schließen.

3 In Handbrake klicken Sie auf *Quelle öffnen*, dann wählen Sie das *DVD-Laufwerk* aus.

4 Die App durchsucht die DVD nach Inhalten, die sich in Kapitel aufteilen. Meist wollen Sie den Hauptfilm digitalisieren: Dazu wählen Sie unter *Titel* das Kapitel mit der längsten Laufzeit.

5 Klicken Sie dann auf die Registerkarte *Audio*. Viele professionelle Filme haben mehrere Tonspuren, eine für Englisch, eine für Deutsch ... Wählen Sie die jeweils richtige Spur aus der Liste aus.

6 Klicken Sie auf das *Wiedergabe-Symbol* oben in der Symbolleiste der App. Damit startet die Umwandlung des Kapitels der DVD in eine Videodatei. Das kann in Abhängigkeit vom Laufwerk, dem verwendeten Rechner und der Länge des Videos einige Zeit dauern, aber normalerweise nicht länger als die Laufzeit des Videos selbst.

7 Die so erzeugten Videodateien lassen sich auf den allermeisten geeigneten Geräten abspielen, unter anderem auch auf moderneren Fernsehern. Eine Archivierung ist wie bei jeder anderen Datei auch möglich.

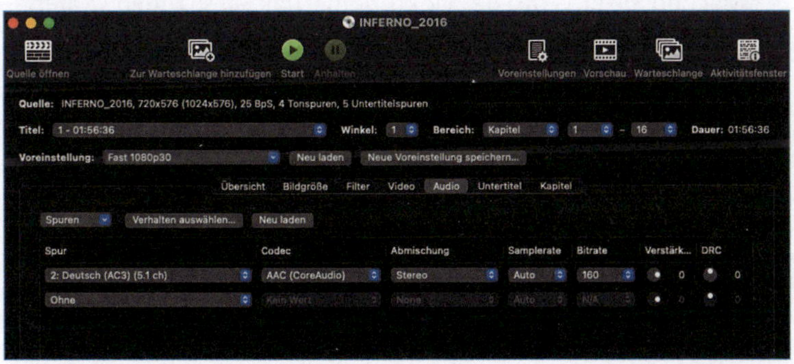

Digitalisieren mit dem Smartphone

Sie haben ein Smartphone oder ein Tablet? Zumindest für Fotos und Bilder sind auch diese Geräte eine Alternative für die Digitalisierung. Sie haben allerdings auch einige Nachteile: Ein Smartphones macht Fotos, die ja ihrer Natur nach möglichst hochauflösend und farbtreu sein sollen. Für Dokumente sind diese in der Regel jedoch viel zu speicherintensiv. Ein in Schwarz-Weiß gescanntes Dokument nimmt wenige KB an Speicher in Anspruch, ein Foto davon mehrere MB. Ein weiteres Problem: Bei reflektierenden Oberflächen kann es schwierig sein, eine reflektionsfreie Aufnahme hinzubekommen. Entweder haben Sie zu wenig oder zu viel Licht.

Scannerfunktion bei Android

Für die schnelle Aufnahme eines Dokuments unterwegs ist das Smartphone aber eine gute Alternative: Sowohl Android als auch iOS haben eine integrierte Scannerfunktion. So funktioniert es bei einem Android-Smartphone:

1. Starten Sie die normalerweise vorinstallierte App *Google Drive*.
2. Tippen Sie auf *Hinzufügen*, dann auf *Scannen*.
3. Machen Sie ein Foto des Dokuments, das Sie scannen wollen.
4. Android erkennt automatisch die Ränder des Dokuments. Sie können sie auf Wunsch noch manuell anpassen. Dazu tippen Sie auf *Scanbereich anpassen*.
5. Passt die Qualität nicht, tippen Sie auf *Foto erneut scannen*.
6. Besteht das Dokument aus mehreren Seiten, dann tippen Sie auf *Weitere Seite scannen*. Alle so nacheinander gescannten Seiten landen am Ende in einer einzigen, kombinierten Datei.
7. Geben Sie dem Dokument einen Namen und speichern Sie es dann durch ein Tippen auf *Speichern*.

Scannerfunktion bei iOS

Für iOS benötigen Sie die von Apple angebotene Dateien-App. Diese ist meist schon vorinstalliert. Wenn nicht, dann können Sie sie kostenlos im App Store herunterladen. Auch wenn die App auf den ersten Blick zur Dateiverwaltung dient, hat sie doch versteckt einen Scanner integriert.

1 Tippen Sie in der App auf die *drei Punkte* oben rechts und dann auf *Dokumente scannen*.

2 Richten Sie das Dokument in der Kameravorschau aus, bis der blaue Rahmen um das Dokument stabil wird.

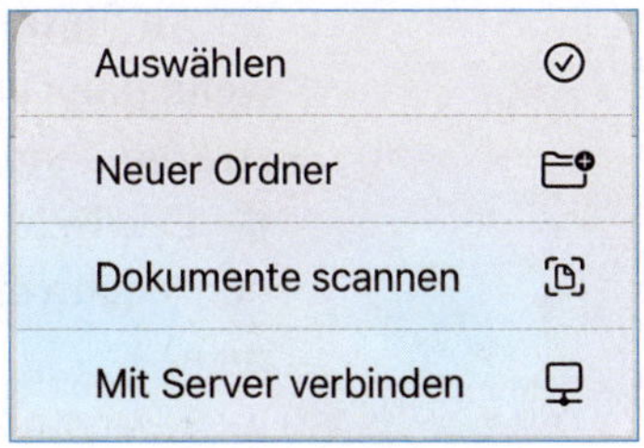

3 Sobald die App das Dokument erkannt hat, scannt sie es und richtet es automatisch so aus, dass es gerade ist.

4 Sie können direkt weitere Dokumente scannen, die dann in derselben Datei gespeichert werden.

5 Um das Dokument zu speichern, klicken Sie auf *Sichern*.

6 Die gescannten Dateien liegen auf der obersten Ebene des iPhone-Speichers. Hier können Sie sie auch umbenennen.

Texterkennung mit dem Smartphone

Gerade unterwegs haben Sie oft die Herausforderung, dass Sie gar nicht das komplette Bild oder Dokument benötigen, sondern nur den oder einen Teil des Textes darin. Beispielsweise ein Zitat, eine Adresse oder eine Einkaufsliste. Sowohl für iOS als auch für Android-Smartphones gibt es Systemfunktionen wie auch Apps, die hier schnell und komfortabel unterstützen.

Texterkennung in Bildern bei iOS

iOS hat direkt in der App Fotos, die standardmäßig installiert ist, eine Texterkennungsfunktion integriert – die ist allerdings ein wenig versteckt. Um sie zu nutzen, müssen Sie erst einmal das Dokument mit der Kamera des Smartphones fotografieren. Damit wird es automatisch in der App Fotos abgelegt. Dann warten Sie einen Moment – iOS analysiert jedes Foto direkt, nachdem es gemacht wurde. Dazu gehört auch das Erkennen von Text:

1 Öffnen Sie das Foto in der *Fotos-App*.

2 Halten Sie den Finger kurz auf dem Textteil, bis Sie die Markierungspunkte sehen – wie Sie sie vom Markieren und Kopieren von Text in einer E-Mail oder einem Word-Dokument kennen.

3 An dieser Markierung sehen Sie links und rechts am Rand jeweils einen keinen Punkt. Den linken ziehen Sie an den Anfang des zu kopierenden Textes, den rechten ans Ende.

4 Der Text zwischen den beiden Punkten ist jetzt markiert. Tippen Sie ihn einmal an, um das Kontextmenü angezeigt zu bekommen.

5 Über ein Tippen auf *Kopieren* kopieren Sie den Text in die Zwischenablage und können ihn beliebig weiterverwenden.

Wenn Sie das Originalbild nicht mehr benötigen, dann denken Sie daran, es direkt wieder zu löschen, bevor es sinnlos Speicher belegt.

Die App Lens (früher OfficeLens)

Android hat keine integrierte Scanfunktion, dafür gibt es eine kostenlose App von Microsoft: Lens (früher OfficeLens). Diese App existiert übrigens auch für iOS. Im Gegensatz zu der Scanfunktion beim iPhone ist die Texterkennung nur eine Zusatzfunktion, was ihr aber keinen Abbruch tut. Einzige Voraussetzung: Sie müssen eine Textverarbeitungs-App wie Word installiert haben, denn die Texterkennung wird erst in der Übertragung von Lens zur Textverarbeitung durchgeführt.

1 Machen Sie über Lens ein Foto von dem zu erkennenden Text.

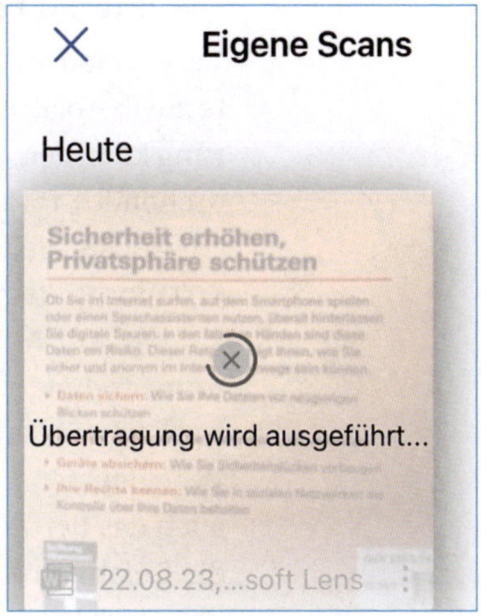

2 Wichtig dabei: Beim Fotografieren muss es möglichst hell sein, das beeinflusst die Qualität der Texterkennung stark.

3 Ziehen Sie den Rahmen um den Textbereich, wenn auf der Aufnahme Bereiche sichtbar sind, die nicht in Text umgewandelt werden sollen, und schließen die Aufnahme mit einem Tippen auf *Bestätigen* ab.

4 Wiederholen Sie den Vorgang so lange, bis Sie alle Seiten/Textpassagen aufgenommen haben, dann tippen Sie auf *Fertig*.

5 Geben Sie dem Dokument einen sprechenden Namen, dann tippen Sie bei *Speichern unter* auf *Microsoft Word*.

6 Lens erkennt jetzt den Text in den Aufnahmen und überträgt ihn nach Word auf dem Smartphone. Darin können Sie ihn markieren und dann beliebig weiterverwenden.

Digitalisiert – und nun?

Digitale Dokumente sind in vielen Punkten gar nicht so viel anders als ihre analogen Pendants: Sie nützen Ihnen nichts, wenn Sie sie nicht wiederfinden oder sie nicht sicher abgelegt sind. Die Digitalisierung Ihrer Dokumente erzeugt Dateien, und die müssen Sie irgendwo sicher und strukturiert aufbewahren. Ob analoge oder digitale Welt: Ohne Ordnung und Struktur verwenden Sie viel zu viel Zeit darauf, nach den Informationen zu suchen, die Sie gerade dringend benötigen.

Die interne Festplatte/SSD

Verwenden Sie Ihren Rechner für die Digitalisierung, ist dessen interne Festplatte das erste Laufwerk, mit dem Ihre Dateien in Berührung kommen. Ob das nun eine physikalische Festplatte mit einem drehenden Datenträger ist oder eine moderne SSD, bei der die mechanischen Teile durch Speicherchips ersetzt wurden, macht dabei erst einmal keinen Unterschied.

► **Vorteil:** Auf die Daten des internen Datenträgers können Sie immer schnell zugreifen, wenn Sie am Gerät sitzen. Bei einem Notebook, also auch unterwegs, wenn Sie das Gerät dabeihaben.

► **Nachteil:** Ein solcher Datenträger wird viel verwendet, weil er auch das Betriebssystem und die Programme enthält. Damit geht die Gefahr einher, dass Sie im Eifer des Gefechts Daten versehentlich löschen oder verändern oder durch Geräteschaden verlieren. Hier empfiehlt es sich, auf jeden Fall zusätzliche Sicherheitskopien anzulegen. Wie das geht, erfahren Sie ab Seite 145.

Die externe Festplatte/SSD

Für die reine Datensicherung, also die Sicherungskopie für den Verlustfall, ist ein externer Datenträger wie eine Festplatte oder eine SSD eine gute Wahl. Nachdem Sie die Daten darauf gesichert haben, können Sie sie ein einen sicheren Ort wie einen Tresor oder ein Schließfach bringen.

► **Vorteil:** Die Verfügbarkeit der Daten: Einen neuen Rechner nach einem Verlust oder Defekt zu beschaffen ist geringer Aufwand (wenn auch kostenintensiv). Das Einspielen der Daten von einem externen Datenträger geht schnell.

► **Nachteil:** Um damit zu arbeiten, sind externe Datenträger – vor allem, wenn Sie an einem Laptop verwendet werden – unkomfortabel. Eine Alternative sind USB-Sticks, die klein sind und keine störenden Kabel haben. Und über eines müssen Sie sich bewusst sein: Auch externe Datenträger gehen mal kaputt!

Der Netzwerkspeicher (NAS)

Gerade wenn Sie auf Ihre digitalisierten Daten immer mal wieder zugreifen müssen, ist ein zentrales Sicherungslaufwerk, das eben keine Kabelverbindung erfordert, sinnvoll. Das ist mittlerweile auch für Privatanwender mit wenig Aufwand möglich. NAS (Network Attached Storage, ans Netzwerk angeschlossener Speicher) heißt das Zauberwort.

Ein NAS ist ein kleiner Kasten, der ein wenig Intelligenz und Festplatten enthält und an einem beliebigen Ort im Haus stehen kann. Angeschlossen wird er über ein Netzwerkkabel, beispielsweise an Ihren Router. Darauf können Sie dann von jedem Gerät aus zugreifen, das über das WLan oder ein Netzwerkkabel mit dem Netzwerk verbunden ist. Auf Wunsch sogar von außen über das Internet. (Mehr über diese Geräte lesen Sie ab Seite 142.)

▶ **Vorteil:** NAS sind mittlerweile günstig zu bekommen und bieten eine Menge von Möglichkeiten. Im Gegensatz zur USB-Festplatte können viele Geräte parallel darauf zugreifen und zum Beispiel Datensicherungen durchführen.

▶ **Nachteil:** Die Konfiguration ist manchmal ein wenig knifflig. Vor allem die Absicherung gegen unberechtigten Zugriff sollte sehr genau kontrolliert werden.

Die Cloud

Kaum ein Begriff hat die Computerwelt so durcheinandergewirbelt wie der der Cloud: Warum Ihre Daten lokal auf einer Festplatte speichern und selbst für Datensicherungen sorgen, wenn man das auch den Profis überlassen kann? Microsofts OneDrive, Dropbox, Amazon Web Services (AWS), Google Drive und viele andere Dienste sind auch für die Datensicherung geeignet. Vor allem die Kombination aus sicherer Speicherung auf einem Cloudserver und der Synchronisation mit dem Rechner zu Hause macht das ganze superbequem. Mehr dazu lesen Sie auf Seite 136.

- **Vorteil:** Clouddienste sind schnell, hochverfügbar, günstig und einfach zu bedienen, teilweise sogar direkt im Betriebssystem Ihres Rechners integriert.
- **Nachteil:** Sie müssen Vertrauen haben. Können Sie sich darauf verlassen, dass der Anbieter seine Systeme im Griff hat, dass er Ihre Daten nur für Sie verfügbar macht und dass er Sie auch jederzeit an Ihre Daten lässt?

Der richtige Dateiname

Wenn Sie ein Dokument digitalisieren, dann müssen Sie ihm an irgendeiner Stelle im Prozess auch einen Namen geben. Wer es sich leicht machen will, übernimmt einfach die automatisch vergebenen Standardnamen. Das führt aber schnell dazu, dass die Dateien alle ähnlich heißen. Zwischen „Datei1234“ und „Datei467544“ mögen große inhaltliche Unterschiede bestehen, der Name aber gibt das nicht her. Sinnvoller ist es, die Dateien gleich richtig zu benennen und schon von Anfang an Überblick aufzubauen.

→ Die Struktur von Dateinamen

Der Name einer Datei setzt sich aus zwei unterschiedlichen Komponenten zusammen: einem frei wählbaren Namen und einer Erweiterung, etwa XLSX für eine Excel-Tabelle oder MP3 für eine Musikdatei. Früher war die Zeichenzahl des frei wählbaren Namensbestandteils begrenzt, heute hat man hier viel mehr Freiheiten: Bis auf einige Sonderzeichen lässt sich im Dateinamen so gut wie alles unterbringen.

Da es keine Zeichenbegrenzung mehr gibt, müssen Sie sich nicht mit Abkürzungen zufriedengeben. Zu kurze Dateinamen sind oft nicht übersichtlich. Gleiches gilt für zu lange Namen – versuchen Sie also nicht, den gesamten Inhalt der Datei im Namen unterzubringen! Wie bei allen Dingen, die mit Ordnung zu tun haben, ist die richtige Mischung aus Information und Effizienz wichtig. Denken Sie zudem an Ihre Zielgruppe: Andere Personen, die die Dateien verwenden sollen, müssen die Namen auch zuordnen können. Das betrifft sowohl Fachbegriffe als auch die Sprache des Namens. Mittlerweile sind auch viele Sonderzeichen im Dateinamen zulässig, allerdings nur bei größeren Betriebssystemen wie Windows, macOS, Linux und anderen. Ein SmartTV, ein Autoradio, eine Spielekonsole – die ja durchaus zur Wiedergabe von Film- und Videodateien genutzt werden können – sind da oft weit weniger flexibel. Darum verzichten Sie möglichst auf Sonderzeichen. Statt eines Leerzeichens verwenden Sie besser den Unterstrich, der auf der Tastatur über dem Minus-Zeichen liegt. Satzzeichen wie Punkt, Komma und Semikolon sorgen auch eher für Fehlfunktionen bei solchen Geräten und sollten vermieden werden.

Die Dateierweiterung

Der hintere Teil des Dateinamens, der auf den Punkt folgt, dient vor allem den Betriebssystemen dazu, die Datei der Anwendung zuzuordnen, die sie erzeugt hat und mit der sie geöffnet werden soll. Endet ein Dateiname beispielsweise mit .XLSX, weiß das Betriebssystem sofort, dass es diese Datei mit Excel – oder einer mit Excel kompatiblen Tabellenkalkulation – öffnen soll.

→ Oft sind verschiedene Programme geeignet

Für die verschiedenen Dateitypen gibt es eine Vielzahl von Apps und Programmen, die diese korrekt öffnen, darstellen und bearbeiten können. Im Beispiel einer XLSX-Datei kommen neben Microsoft Office auch kostenlose Versionen wie Open Office oder betriebssystemspezifische Programme wie Numbers (als macOS-Alternative zu Excel) infrage.

In den Programmen selbst können Sie beim Speichern den Dateityp und damit die Erweiterung Ihrer Datei auswählen. Sie sollten aber niemals selbst die Dateierweiterung ändern, auch nicht beim Umbenennen einer Datei. Sollten Sie versehentlich die Dateierweiterung geändert oder den Punkt entfernt haben, lässt sich die Datei meist nicht mehr öffnen. Das können Sie beheben, indem Sie diesen Fehler im Namen korrigieren.

Auswahl des Dokumentformats

Das Dokumentformat und die Dateierweiterung sind tatsächlich zwei unterschiedliche Dinge, auch wenn sie eng miteinander verknüpft sind. Jedes Programm hat sein Standardformat, die meisten unterstützen aber auch Alternativen und erlauben, dass eine Datei in einem anderen Format gespeichert werden kann.

1 In so gut wie jedem Programm können Sie auf *Datei > Speichern unter* klicken und dann neben *Dateityp* auf das *kleine Dreieck*, das eine Auswahlliste öffnet.

2 Wählen Sie dann *das gewünschte Format* aus.

3 Die Datei wird in diesem Format gespeichert und kann direkt mit dem zugehörigen Programm geöffnet werden.

Das Standarddateiformat lässt sich übrigens in den meisten Programmen auch dauerhaft verändern. Sinnvoll ist das beispielsweise, wenn Sie OpenOffice nutzen, eine weit verbreitete kostenlose Alternative zu Microsoft Office. OpenOffice verwendet ein eigenes Format für die eigenen Dateien, das Microsoft Office nicht immer verarbeiten will. Das kann zu Problemen führen, wenn Sie Dateien an Word-Benutzer weitergeben. Ändern Sie dann einfach das Standardformat:

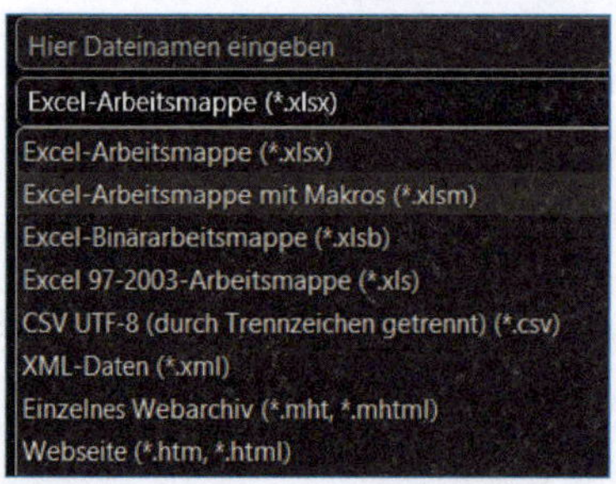

1 Unter *Extras > Optionen > Laden/Speichern > Allgemein* können Sie für jeden nativen Dokumenttypen in OpenOffice festlegen, dass er im Office-Format gespeichert werden soll.

2 In den Office-Programmen geht das genauso. Da klicken Sie auf *Datei > Optionen > Speichern*. Wählen Sie dann neben *Dateien in diesem Format speichern* das entsprechende Dokumentformat aus.

3 In beiden Fällen nimmt Ihnen das nicht die Möglichkeit, beim Speichern einer Datei manuell ein anderes Format auszuwählen.

Den Datenschatz aufbauen – mit Sinn und Verstand

In diesem Kapitel ging es bisher vor allem darum, dass aus analogen Dokumenten und Gegenständen digitale Kopien erstellt werden sollen. Das ist im ersten Schritt auch der richtige Weg: Nur so haben Sie Möglichkeiten, Ihre Daten vor Katastrophen wie Feuer, Wassereinbruch, Diebstahl und allen möglichen anderen Unbillen zu schützen. Es gibt aber mittlerweile auch einen anderen Trend: aus den digitalen Kopien wieder eine analoge Version zu erzeugen. Aus den gescannten Negativen oder Dias lässt sich etwa ein Fotoalbum erstellen. Dazu können Sie einzelne Fotos ausdrucken, das geht beispielsweise in Drogerien. Viel bequemer ist es aber, das komplette Fotoalbum am Rechner zu gestalten, was bei zahlreichen Anbietern im Internet möglich ist.

Analog statt digital? Kein Widerspruch

Also doch wieder Papier – klingt das für Sie unlogisch? Auf den ersten Blick vielleicht, auf den zweiten aber nicht mehr. Diese zusätzliche „analoge Sicherung“ hat gleich mehrere Vorteile: Sie haben eine anfassbare Version Ihrer Bilder, die Sie ohne technische Hilfsmittel zeigen können. Nicht überall ist die digitale Infrastruktur vorhanden, die Sie dafür brauchen, und manchmal wollen Sie eher gemütlich in Erinnerungen schwelgen, statt ein Tablet oder einen Fernseher zu verwenden. Hinzu kommt: Auch digitale Kopien sind nicht für die Ewigkeit gemacht.

→ Die analoge Kopie als zusätzliche Sicherung

Die digitalen Kopien sind eine recht sichere und dauerhafte Alternative, aber nicht zeitlos: Dateiformate und Datenträger ändern sich mit der Zeit, Festplatten gehen kaputt oder verloren, Sie löschen versehentlich Daten. Eine analoge Kopie an einem sicherem Ort ist da eine zusätzliche Sicherung.

Download und Archivierung

Wo wir gerade schon beim Thema „Netz und doppelter Boden" sind: Viele Organisationen und Firmen bieten Ihnen als Service an, Ihre Dokumente einfach auf deren Servern liegen zu lassen und sie gar nicht mehr in Papierform zuzustellen. Das ist zwar zunächst für beide Seiten praktisch: Allerdings ist damit auch ein potenzielles Risiko verbunden – Sie haben keine Kontrolle über diese Daten. Stellen Sie sich vor: Sie haben einen Termin bei der Bank, zu dem Sie Ihre Gehaltsabrechnung benötigen. Die ist in einem Portal hinterlegt, an dem Sie sich mit Ihren Benutzerdaten anmelden müssen. Genau zu dem Zeitpunkt ist aber dieses Portal nicht verfügbar. Was dann? Auch hier bietet es sich an, eine Kopie der Daten vorzuhalten. Zumindest dann, wenn sie wichtig sind und auch ohne Vorlaufzeit zu Ihrer Verfügung stehen müssen.

Digitalisierung ist Priorisierung

Je mehr Dokumente Sie haben, desto mehr Zeit müssen Sie investieren. Keine Frage: Diese Zeit ist gut investiert, Sie sollten sich aber trotzdem fragen, welcher Aufwand gerechtfertigt ist. Da kann es helfen, wenn Sie sich folgende Fragen beantworten:

- **Welchen Wert haben die Informationen für Sie**? Dabei geht es nicht um den wirtschaftlichen Wert, der kann meist vernachlässigt werden. Die Frage ist eher, welchen Aufwand Sie betreiben müssen, um bei einem Verlust des Dokuments einen Ersatz zu finden. Je individueller das Dokument, desto schwerer ist das.

- **Gibt es einen Ersatz für das Dokument?** Ein Rezeptbuch wird einfacher wiederzubeschaffen sein als Ihre ganz persönliche Sammlung selbst geschriebener Gedichte. Auch eine CD oder DVD können Sie in der Regel mit mehr oder weniger Aufwand neu kaufen – es sei denn, es handelt sich um Ihr Hochzeitsvideo oder Ihre selbst komponierten Songs.
- **Wie schnell müssen Sie auf die Informationen zugreifen können?** Wenn Sie Zeit haben zu suchen, dann ist ein kurzfristiger Verlust eines Dokumentes weniger schlimm, als wenn Sie diese innerhalb weniger Minuten benötigen.

Als Faustregel gilt: Je wichtiger die Dokumente sind, desto eher sollten Sie sie digitalisieren. Wenn Sie viele Dokumente haben und unsicher sind, wo Sie anfangen sollen: Arbeiten Sie sich von den wichtigen zu den unwichtigen vor!

Info

Datenmengen und CO_2-Fußabdruck Ein Aspekt sollte bei der Digitalisierung nicht vergessen werden: Auch Daten haben einen CO_2-Fußabdruck. Nicht, weil sie selbst CO_2 erzeugen, sondern weil sie Technik verwenden, die wiederum Energie verbraucht. Dazu gehören Ihr PC, der Router, die Leitungsinfrastruktur Ihres Internetanbieters und die Rechenzentren der Cloudanbieter, die immense Energie für Kühlung aufwenden müssen.
Es gibt unterschiedlichste Untersuchungen und Modelle, um den Energieverbrauch von Daten zu berechnen. Beispielsweise hat die Wissenschaftlerin und Aktivistin Joana Moll berechnet, dass ein Gigabyte Informationsübertragung 13 Kilowattstunden verbraucht. Eine Kilowattstunde wiederum entspricht im Durchschnitt 544 Gramm CO_2. Datensparsamkeit hat also auch einen Umweltaspekt!

So behalten Sie den Überblick

Sie sind der Meinung, dass Sie gar nicht so viele Daten haben? Dann machen Sie sich auf eine Überraschung gefasst. Kaum ein Programm erzeugt keine Daten beziehungsweise Dateien! Manchmal von allein, manchmal aktiv mit Ihrer Beteiligung, indem Sie Inhalte eingeben und speichern. Manchmal auch ganz nebenbei, wie die Bilder und Videos, die Sie in Ihrem Messenger bekommen und die im Standard automatisch gespeichert werden (und oft unnötig Platz wegnehmen).

Wo liegen überall Daten?

Die Speicher, in denen Ihre Daten liegen, sind ganz unterschiedlich. Nur wenn Sie diese Speicher kennen, dann können Sie die Dateien darauf finden, benutzen und später auch sichern, damit Sie nicht versehentlich verloren gehen.

Daten oder Dateien?

Diese beiden Begriffe werden oft miteinander vermischt. Der Unterschied lässt sich anschaulich mit einem Glas Bonbons erklären: Die Bonbons sind die Daten, das Glas die Datei, das die Daten enthält. Diesen Behälter können Sie ins Regal stellen, von dort auf den Tisch und wieder zurück. Ohne dass die Bonbons aus dem Glas fallen. Durch das Kopieren und Verschieben von Dateien ändern sich die Daten darin auch nicht. Allerdings haben Sie Bonbons auch in einer Schublade, der Handtasche oder dem Handschuhfach, ganz ohne Glas. Genauso gibt es Daten, die in einem Programm angezeigt oder verarbeitet werden, ohne dass Sie je eine Datei sehen. Nehmen Sie als Beispiel Ihre Facebook-Posts oder die Konfigurationsdaten Ihres Internetrouters.

Um sich die Arbeit zu erleichtern, bietet sich eine abgestufte Strategie an:

- **Strukturiert ablegen:** Legen Sie Ihre Dateien gleich ordentlich ab (wie genau das geht, lesen Sie ab Seite 52). Alle Betriebssysteme bieten dazu Ordnerstrukturen, die sehr leistungsfähig (an PC und Mac) oder zumindest sehr hilfreich sind (am Smartphone oder anderen Geräten).

► **Klar benennen:** Benennen Sie Ihre Dateien gleich so, dass Sie sie erkennen können, ohne sie öffnen zu müssen. Wie Sie bereits erfahren haben (ab Seite 24), betrifft das sowohl Namen als auch die Erweiterung, die die Art des Programmes angibt, das die Datei erzeugt.

► **Laufwerke zuordnen:** Verteilen Sie Ihre Dateien nicht wild über alle verfügbaren Laufwerke, sondern überlegen Sie sich, welche Laufwerke welchen Zweck haben sollen und welche Dateien darauf abgelegt werden.

Wenn Sie jetzt anmerken, dass es dafür schon ein wenig zu spät ist: Sie können auch nachträglich Ihre Dateien auf den verschiedenen Laufwerken suchen und in eine ordentliche Struktur überführen. Das ist allerdings ein vergleichbarer Aufwand wie beim Aufräumen im echten Leben: Sie müssen erst alle Zettel finden, dann sortieren und ordentlich in Ordnern verstauen. Der Aufwand ist höher, als wenn Sie das von Anfang an berücksichtigen. Aber er lohnt sich in jedem Fall. Vor allem dann, wenn Sie Ihre Dateien noch mit Zusatzinformationen anreichern, die die Suche noch genauer machen. Alles zum Tagging von Dateien lesen Sie ab Seite 50.

Die Standardlaufwerke

Wenn Sie einen PC oder Mac verwenden, dann haben Sie Glück: Beide Betriebssysteme haben für die internen Festplatten/SSDs eine vorgegebene Struktur. Die Standardprogramme versuchen daher, die Dateien beim Speichern schon in das richtige Verzeichnis abzulegen.

► **Schreibtisch:** Der Schreibtisch (oder im Englischen auch Desktop genannt) ist das, was Sie sehen, wenn alle Fenster minimiert sind. Und eine Prognose sei gestattet: Der Schreibtisch Ihres Rechners sieht vermutlich ähnlich ordentlich (oder eben auch unordentlich) aus wie Ihr echter Schreibtische zu Hause oder im Büro: Der eine Benutzer bevorzugt es aufgeräumt und leer, die andere voll und chaotisch. Was nicht heißt, dass nicht beide ein System haben und ihre Unterlagen darin schnell finden können!

- **Dokumente:** Dieser Ordner ist der Standardordner für alle Office-Programme. Ob Textverarbeitung, Tabellenkalkulation, Präsentation, alle Dateien dieser Programme werden im Standard in diesen Ordner gespeichert. Das ist grundsätzlich gut, allerdings bei steigender Zahl von Dokumenten nicht ausreichend. Stellen Sie es sich so vor: Sie werfen alle Zettel in einen großen Karton. Dann müssen Sie zwar nicht mehr in allen Ecken des Hauses nach Zetteln suchen, suchen müssen Sie aber trotzdem. Und das – je nach der Anzahl der Zettel – immer noch lange.
- **Bilder/Videos:** Auch diese Ordner sind in allen Betriebssystemen vorhanden. Sie enthalten – das wird Sie kaum überraschen – die Fotos, die erzeugten Bilder aus Grafikprogrammen und die Videos, die Sie geschnitten oder von Ihrem Smartphone importiert haben.
- **Programme:** Dieses Verzeichnis ist im Normalfall nur in den internen Hauptlaufwerken Ihrer Geräte vorhanden. Hier sollten Sie sehr vorsichtig sein: In diesen Verzeichnissen liegen zwar auch Daten, allerdings meist nur die, die die Programme zum Laufen brauchen, die Einstellungen, die Sie vorgenommen haben und so weiter. Jeder manuelle Eingriff in ein solches Verzeichnis kann dazu führen, dass ein Programm oder sogar das Betriebssystem nicht mehr funktioniert. Zum Löschen eines Programmes verwenden Sie daher besser die Deinstallationsroutinen Ihres Betriebssystems.
- **Temporäre Dateien:** Diese Dateien sollen nicht dauerhaft aufbewahrt werden, sie sind nur für die zeitweise (temporäre) Nutzung gedacht. Ihre Daten, die Sie in ein Programm eingegeben haben, speichern Sie im Programm selbst. Wenn Sie das Programm danach ordnungsgemäß beenden, werden die temporären Daten gelöscht. Einzig bei einem Rechnerabsturz können Ihnen diese Daten helfen,

denn bei manchen Programmen lassen sich ungespeicherte Daten daraus wiederherstellen (mehr zur Datenrettung steht in Kapitel 6).

Externe Laufwerke

Im Lauf der Zeit sammeln Sie eine Vielzahl externer Speichermedien an: USB-Sticks, SD-Karten, externe Festplatten, vielleicht sogar selbst gebrannte CDs und DVDs. Diese Datenträger sind oft auch über alle Räume Ihres Hauses, Hosen- und Jackentaschen und viele andere Orte verteilt. Zum Speichern von Daten sind sie nur sinnvoll, wenn Sie sie zur Datensicherung verwenden oder wenn Sie damit Daten an einen anderen Rechner oder zu einem anderen Nutzer transportieren.

Die Cloud

Ob Windows oder macOS: Die Hersteller der Betriebssysteme sind in den vergangenen Jahren dazu übergegangen, Clouddienste nicht nur zu unterstützen, sondern gleich eigene anzubieten. Microsoft hat OneDrive, Apple hat iCloud, und wenn Sie nicht explizit etwas anderes einstellen, dann werden viele Dateien automatisch im Cloudspeicher abgelegt. Die Wahrscheinlichkeit ist also hoch, dass viele Ihrer Dateien bereits in der Cloud liegen, ohne dass Sie das wissen. Das macht aber nichts: Die Cloudspeicher finden Sie ebenfalls in der Übersicht der Speicherorte im Explorer (Windows) oder Finder (Mac). Und da die Hersteller diese so behandeln wollen wie lokale Speicher, ist deren Struktur schon im Standard so aufgebaut, wie am Anfang dieses Kapitels beschrieben.

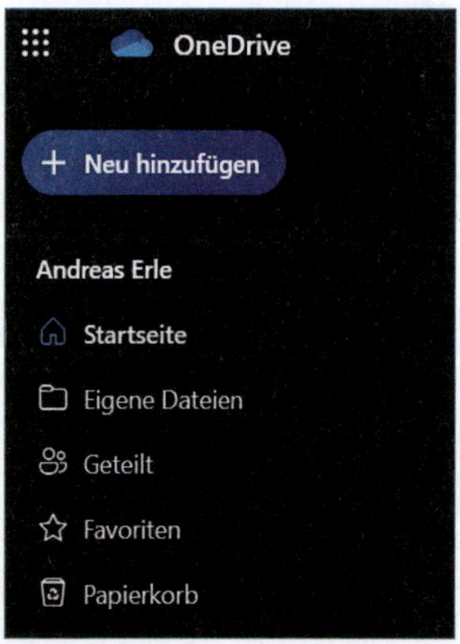

E-Mail-Anhänge

Manchmal sind Dateien eben nicht die Hauptaufgabe eines Programms, sondern sie entste-

hen so ganz nebenbei. Zum Beispiel wenn Sie eine E-Mail versenden und daran ein Dokument oder ein Bild anhängen. Diese Dateien werden im ersten Schritt nicht separat gespeichert, sind aber oft trotzdem wichtig.
Wenn Sie viel per E-Mail kommunizieren, dann bekommen Sie auch eine Vielzahl von Dateien als Anhang zugeschickt. Diese Dateien bedürfen einer besonderen Aufmerksamkeit: Die E-Mail-Programme speichern Sie im Normalfall nicht separat auf der Festplatte ab, sondern behalten Sie in der E-Mail. Löschen Sie die E-Mail, dann ist auch die angehängte Datei weg. Bei besonders großen Dateien werden die Anhänge oft nicht einmal heruntergeladen. Sie bleiben so lange auf dem Mail-Server, bis Sie sie entweder herunterladen oder sie dort gelöscht werden. Darum: Wichtige Anhänge sollten Sie direkt aus der E-Mail auf einem Datenträger speichern und ordentlich ablegen!

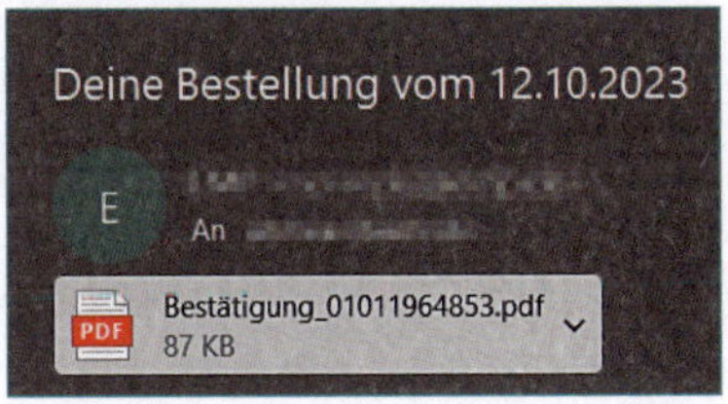

Daten auf dem Smartphone

Auch auf Ihrem Smartphone finden sich wahrscheinlich viele Dateien, oft mehr, als Ihnen bewusst ist. Einige legen Sie selbst an, zum Beispiel wenn Sie mit dem Smartphone Fotos machen oder Videos aufnehmen. Ein Großteil gelangt aber nicht selten ohne Ihr Zutun aufs Smartphone, dabei spielen vor allem die Messengerdienste eine entscheidende Rolle.

Medien in WhatsApp, Signal und Co

Oft vergeht kaum eine Stunde, in der Ihnen nicht irgendjemand ein witziges Bild, ein launiges Video oder ein Foto eines interessanten Artikels schickt. Während die meisten dieser Anhänge maximal für einen kurzen Lacher sorgen, dann aber schnell langweilig oder gar nervig werden, sind hin und wieder doch ein paar echte Perlen darunter, die Sie wirklich brauchen oder gern aufbewahren möchten.

Bei WhatsApp gibt es zwei Alternativen: Wenn Sie die Standardeinstellung nicht verändert haben, finden Sie die Bilder automatisch in Ihrem Fotostream. Das hat allerdings den Nachteil, dass hier wirklich alles gespeichert wird – und jede Menge Platz beansprucht. Wenn Ihre Kontakte sehr mitteilsam sind, empfiehlt es sich daher, diese Standardeinstellung auszuschalten. Deaktivieren Sie unter *Einstellungen > Chats* die Option *Sichern in Aufnahmen*. Dann werden die Mediendateien nur in den Chats gespeichert.

Wenn Sie einzelne Fotos, Bilder, Dokumente oder Videos dann doch aufbewahren möchten, müssen Sie diese nun manuell sichern:

1 Halten Sie den Finger auf dem Bild gedrückt.

2 Es öffnet sich ein Menü. Darin tippen Sie dann auf *Speichern*.

3 Die entsprechende Mediendatei findet sich nun in Ihrem Fotostream.

Signal speichert die Bilder nicht automatisch ab, Sie müssen wichtige Bilder manuell sichern:

1 Tippen Sie auf das *Kontaktbild* im Chat.

2 Bewegen Sie sich dann nach unten bis zur *Medienübersicht* und tippen auf *Alle anzeigen*.

3 Signal zeigt Ihnen eine chronologisch sortierte Auflistung aller Chat-Medien an, aus denen Sie die Funktion aufgerufen haben.

4 Tippen Sie das Bild oder Video an, dann zeigt Signal es auf dem Display des Smartphones an.

5 Tippen Sie dann auf *Teilen* und *Speichern*, dann wird die Datei im Fotostream gespeichert.

Aber was nun? Die Bilder sind auf dem Smartphone und müssen ja irgendwie noch auf Ihren Rechner kommen, damit Sie diese entsprechend ablegen können. Hier haben Sie verschiedene Möglichkeiten.

Der Fotostream

Ob Sie nun ein Android- oder ein Apple-Handy haben: Beide Betriebssystemhersteller sind sich bewusst, dass das Fotografieren mit dem Smartphone mittlerweile weit mehr Fotodateien erzeugt als normale Digitalkameras. Hier entsteht also eine riesige Menge an Daten! Das führt dazu, dass sowohl iOS als auch Android einen sogenannten Fotostream integriert haben. Wenn Sie diese Funktion aktivieren, dann werden die Fotos automatisch vom Gerät in den Cloudservice (iCloud bei iOS, Google Drive/Photos bei Android) übertragen.

Fotos synchronisieren bei iOS

Bei iOS aktivieren Sie den Fotostream, indem Sie in die Einstellungen des iPhones wechseln:

1 Tippen Sie dazu oben auf Ihr *Kontobild* (denn hinter dem Kontobild verbergen sich Ihre Apple ID und die zugehörigen Clouddienste).

2 Tippen Sie dann auf *iCloud > Fotos* und aktivieren Sie *Dieses iPhone synchronisieren*.

3 Alle Bilder und Videos werden jetzt vom iPhone in die iCloud synchronisiert und sind darin für andere Geräte verfügbar.

Wenn Sie diese Mediendateien auf Ihren Rechner bekommen wollen, dann haben Sie zwei Möglichkeiten:

- **Selbst herunterladen:** Rufen Sie mit einem Webbrowser die Webseite icloud.com auf, melden Sie sich an und laden Sie die Bilder herunter. Das ist allerdings gegebenenfalls ein langwieriger Prozess. Besser ist hier der zweite Weg:

► **Automatisch synchronisieren:** Synchronisieren Sie den Fotostream über das Betriebssystem. macOS – kaum verwunderlich, ist es doch auch von Apple – macht das sowieso. Für Windows laden Sie sich die kostenlose iCloud-Systemsteuerung (support.apple.com/de-de/103232) herunter. Die synchronisiert unter anderem den Fotostream in ein Verzeichnis, auf das Sie direkt über den Windows Explorer zugreifen können.

Fotos synchronisieren bei Android

Bei Android können Sie die Synchronisation der Fotos mit Google Drive so aktivieren:

1 Öffnen Sie auf Ihrem Android-Smartphone die App Google Photos.

2 Melden Sie sich mit Ihrem Google-Konto an.

3 Tippen Sie rechts oben auf das *Profilbild* beziehungsweise *Ihre Initialen*.

4 Tippen Sie auf *Google Fotos-Einstellungen*.

5 *Aktivieren* oder *deaktivieren* Sie die Sicherung.

Auch hier haben Sie wieder zwei Möglichkeiten, um die Dateien auf Ihren Rechner zu bekommen:

► **Selbst herunterladen:** Rufen Sie mit einem Webbrowser die Webseite photos.google.com/ auf, melden Sie sich an und laden Sie die Bilder herunter.

► **Automatisch synchronisieren:** Um die Synchronisation zu automatisieren, empfiehlt sich eine Synchronisationssoftware wie zum Beispiel GoodSync (goodsync.com). Diese Software greift direkt auf Google Drive zu und synchronisiert die Dateien auf Ihren Rechner.

Direkter Dateitransfer

Die ein oder andere Datei neben den Fotos und der Musik findet sich noch direkt auf dem Smartphone: Heruntergeladene PDF-Da-

teien aus dem Internet, schnell angelegte Notizen und so weiter. Bei einem iPhone ist es nicht ganz so leicht, darauf zuzugreifen: Apple hat das System rigoros abgeschottet und bietet dem PC oder Mac allein Zugriff auf Bilder und Videos, nicht aber auf andere Dateien. Bei Android haben Sie mehr Möglichkeiten, weil Google alle Verzeichnisse freigibt.
In beiden Fällen gehen Sie so vor:

1 Schließen Sie das Gerät mit dem beiliegenden USB-Kabel an Ihren Rechner an.

2 Nach kurzer Zeit erscheint ein zusätzliches Laufwerk im Explorer beziehungsweise Finder.

3 Auf das Sie normal zugreifen und über das Sie die Dateien vom Smartphone kopieren können.

Teilen von Dateien

Oft besteht die Herausforderung darin, dass Sie gar nicht so genau wissen, wo sich eine bestimmte Datei im Dateisystem des Smartphones befindet. Statt jetzt mühsam die einzelnen Verzeichnisse zu durchsuchen, können Sie sich Zeit sparen:

1 Öffnen Sie die Datei mit der zugehörigen App auf dem Smartphone.

2 Tippen Sie hinein.

3 Am oberen oder unteren Bildschirmrand sehen Sie ein Symbol mit einem Viereck und einem Pfeil, der heraus deutet. Damit können Sie die *Datei teilen*.

4 Je nach Größe können Sie die Datei beispielsweise auf einen Cloudservice kopieren (und dann auf Ihrem Rechner davon synchronisieren), sie als E-Mail verschicken (und den Anhang auf Ihrem Rechner speichern) oder andere Wege nutzen, um die Datei an den gewünschten Ort zu bringen..

Daten auf anderen Geräten

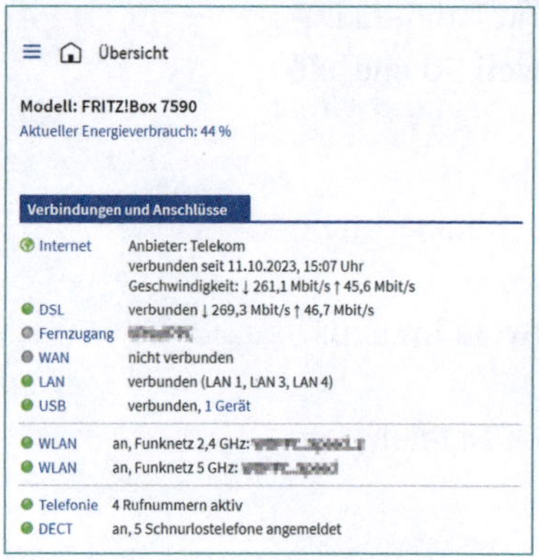

Bei klassischen Datenverarbeitungsgeräten wie PC, Mac, Laptop, Tablet oder Smartphone ist es recht klar, dass sich darauf Daten befinden. Was aber bei den vielen anderen Geräten, die Sie einsetzen? Sie können davon ausgehen, dass jedes Gerät, das auf irgendeine Weise Daten erfasst, auch Dateien erzeugt. Idealerweise können Sie selbst festlegen, wo diese abgelegt werden sollen. Oft aber regelt das Gerät das selbst. Ein guter Hinweis darauf ist immer das Vorhandensein eines USB- oder SD-Karten-Slots im Gerät.

Router

Ihr Router ist vor allem dafür da, Ihre Internetverbindung herzustellen und allen Geräten in seinem Wirkungsbereich zur Verfügung zu stellen. Er hat aber auch viele weitere Funktionen: Er kann Dateien über einen USB-Stick im Netzwerk bereitstellen oder für den Fernseher als Medienserver dienen. Wenn Sie diese Funktionen mal genutzt haben, dann lohnt sich ein Blick in den Speicher über die Weboberfläche des Routers. Oft finden Sie darin Dateien, die Sie irgendwann einmal da abgelegt und nirgendwo sonst mehr gespeichert haben.

Webcams/IP-Kameras

Die Überwachung des Gartens, der Einfahrt, des Ferienhauses ist schon fast zum Standard geworden. Viele Firmen bieten einen Komplettservice an: Sie kaufen eine Kamera und für einen gewissen Obolus im Monat bekommen Sie Speicherkapazität auf den Servern des Anbieters zur Verfügung gestellt. Dort werden die Videos gespeichert. Meist können Sie nicht direkt auf diese externen

Speicher zugreifen, sondern nur über die App der Kamera. Doch auch dort liegen Dateien, die Sie meist über die App herunterladen und dann weiterverarbeiten können.
Bei den professionelleren Kameras findet die Speicherung normalerweise im internen Speicher oder auf der Speicherkarte statt. In diesem Fall müssen Sie zur Speicherung oder Löschung der Dateien über die Konfigurationsoberfläche des Gerätes gehen.

Andere Geräte

Die Menge der Alltagsgeräte, die Daten sammeln, nimmt stetig zu (siehe auch Kapitel IoT, Seite 96). Nur in wenigen Fällen haben Sie einen direkten Zugriff auf die darauf gespeicherten Dateien. Der intelligente Rauchmelder wird eine Protokolldatei schreiben, in der festgehalten ist, wann er seine Sensoren getestet und wann er gegebenenfalls alarmiert hat. Der Kühlschrank speichert die Temperaturentwicklung für Kühl- und Tiefkühlzone. Schauen Sie in das Handbuch, um zu sehen, ob und wie Sie Dateien davon herunterladen und gegebenenfalls strukturiert speichern können, falls Sie das möchten.

Vorsicht bei Verkauf oder Entsorgung

Egal welches Gerät Sie gerade benutzen: Gehen Sie davon aus, dass persönliche Daten – und seien es nur Protokollinformationen – auf dem Gerät gespeichert sind. Wenn Sie dieses weitergeben oder entsorgen, dann sollten Sie unbedingt sicherstellen, dass es auf die Werkseinstellungen zurückgesetzt ist und damit der Speicher und alle Ihre Daten gelöscht sind.

→ Erst löschen, dann weitergeben!

Es gilt die Grundregel: Vor der Weitergabe eines Geräts – und dazu zählt auch die Entsorgung – löschen Sie alle Speicher. Falls unklar sein sollte, wie das geht, werfen Sie einen Blick ins jeweilige Handbuch.

Dateien suchen und finden

Fast alle Dateien befinden sich auf einem Datenträger, der auf Ihrem Rechner verfügbar ist. Externe Festplatten müssen natürlich angeschlossen sein, aber auch verbundene Netzlaufwerke sind im Explorer unter Windows beziehungsweise dem Finder unter macOS sicht- und zugreifbar. Auch Clouddateien werden in der Regel synchronisiert und haben damit eine Entsprechung auf der lokalen Festplatte.

Wichtig: die Suchvorbereitung

Die Art, wie die Betriebssysteme die Suche effizienter machen, ist vergleichbar mit einer Bibliothek: Die einzelnen Bücher sind schon nach einem ausgeklügelten System in unterschiedlichen Räumen, Regalen und Fächern sortiert und ordentlich mit Schildern an den Regalböden gekennzeichnet. Sie gehen in den Raum mit den Reisebüchern, dann ans Regal „Schweden" und suchen dort nach dem Bildband über schwedische Sehenswürdigkeiten. Den finden Sie nicht. Aber warum? Bevor Sie lange rätseln, gehen Sie zur Bibliothekarin. Die wird Ihnen ohne großes Nachdenken sagen, dass Sie das gewünschte Buch nicht bei „Reise", sondern bei „Architektur" finden. Das funktioniert aber nur, weil die Bibliothekarin sich lange und ausführlich mit den einzelnen Büchern beschäftigt hat. Sie hat quasi einen Bücherlageplan im Kopf.

→ Die Indizierung erstellt den Lageplan

Ein „Bücherlageplan" hat seine Entsprechung auf Ihrem Rechner. Die Suche nach Dateien wäre nicht so effizient, wenn Windows oder macOS immer wieder die gesamte Festplatte neu durchsuchen müssten. Stattdessen läuft automatisch ein vorgelagerter Suchprozess: die Indizierung.

Bei Windows Ordner für die Indizierung auswählen

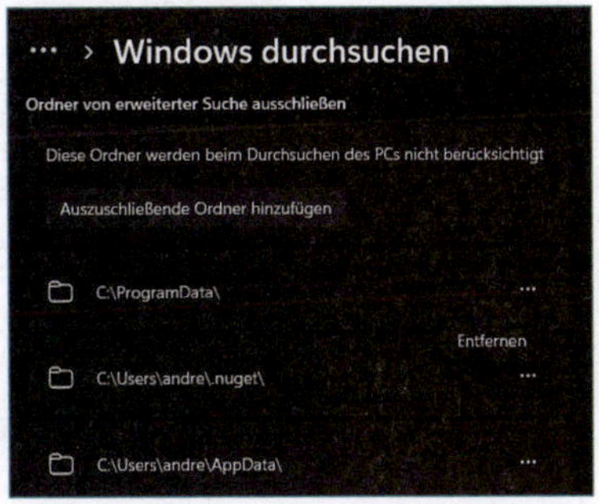

Windows durchsucht die Standardspeicherorte und legt die Informationen zu den Dateien in einer Datenbank ab. Auf diese hat die Suchfunktion dann Zugriff. Legen Sie deshalb alle für Sie relevanten Ordner fest, besonders wenn Sie nicht die Standardordnerstruktur von Windows verwenden:

1 Geben Sie im Suchfeld in der Taskleiste „Systemsteuerung" ein und starten Sie die Systemsteuerung durch einen Klick auf den Eintrag.

2 Klicken Sie oben rechts auf *Anzeige* und auf *Große Symbole*.

3 Im Detailbereich klicken Sie dann auf *Indizierungsoptionen*.

4 Windows zeigt die aktuell indizierten Laufwerke und Verzeichnisse an. Klicken Sie auf *Ändern*, unter *Ausgewählte Orte ändern* lassen sich dann Ordner ab- oder anwählen, die indiziert werden sollen.

5 Beim nächsten Indizierungslauf indiziert Windows die aktualisierten Verzeichnisse und findet über die Suche Dateien auch in diesen neuen Ordnern.

Indizierung in macOS verwalten

Beim Mac heißt die Indizierung Spotlight. Im Gegensatz zu Windows läuft die automatisch über die gesamte Festplatte. Das ist nicht immer so gewünscht, denn das Durchsuchen dauert schon einen gewissen Zeitraum und aufgrund der Systemstruktur von macOS gibt es viele Dateien zu durchsuchen. Sie können an zwei Stellen auf die Indizierung einwirken. Gehen Sie in die *Einstellungen* von macOS und suchen Sie nach *Spotlight* oder klicken Sie auf *Siri & Spotlight*.

Im Standard stellt Ihnen MacOS Dateien aller halbwegs sinnvollen Dateitypen im Suchergebnis dar. Manche davon wollen Sie gegebenenfalls nicht angezeigt bekommen, beispielsweise Schriften oder Termine, und je weniger Dateien indiziert werden, desto schneller geht der Vorgang. Um jetzt bestimmte Dateitypen aus dem Index auszuschließen, rollen Sie nach unten bis zur Option *Suchergebnisse* und entfernen die Haken neben den Elementen, die die Suche Ihnen nicht anzeigen soll.

Um nun bestimmte Verzeichnisse auszuschließen, klicken Sie ganz unten auf *Spotlight-Datenschutz*. Hier ist es beispielsweise sinnvoll, Systemordner wie *Library* und *System* auszuschließen.

1 Klicken Sie auf das *Plus-Zeichen* und fügen Sie dann das Verzeichnis hinzu, das Spotlight aus dem Index ausschließen soll.

2 Wenn Sie ein ausgeschlossenes Verzeichnis wieder in den Index aufnehmen wollen, markieren Sie es und klicken Sie auf das Minus-Zeichen.

3 Klicken Sie auf *Fertig*. Bei der nächsten turnusmäßigen Indexerstellung wird das Verzeichnis ausgeschlossen.

Suchen in Windows über die Taskleiste

Alle Windows-Versionen haben eine umfangreiche Suchfunktion integriert. Unter Windows 11 funktioniert diese so:

1 In der Taskleiste finden Sie das Symbol einer kleine *Lupe*. Ein Klick darauf öffnet die die Suchfunktion von Windows 11.

Info

Index bei macOS neu aufbauen Um die Festplatte komplett neu indizieren zu lassen, können Sie bei macOS einen kleinen Trick nutzen: Fügen Sie wie oben beschrieben ein Verzeichnis zur Ausschussliste hinzu, klicken Sie auf *Fertig* und dann entfernen Sie es wieder. Dann startet macOS im Hintergrund die komplette Neuerstellung des Indexes. Die kann durchaus einige Zeit dauern, in der die Suche nur rudimentär funktioniert.

2 Klicken Sie mit der Maus einfach in das Eingabefeld oben in dem Fenster, das aufgeht. Geben Sie dann den Suchbegriff ein und drücken Sie die Eingabetaste. Nach kurzer Zeit präsentiert Windows 11 das Suchergebnis.

Das Suchergebnis kann allerdings sehr umfangreich sein. Übersichtlicher wird es, wenn Sie bereits im Vorfeld die Elemente einschränken, die im Suchergebnis auftauchen sollen.
1 Dazu klicken Sie in der Registerleiste unter dem Suchfeld nicht auf *Alle*, sondern auf eine der angezeigten Kategorien.
2 Bei einer Suche nach Dokumenten wählen Sie direkt Dokumente an, bei einer nach Apps eben *Apps* und so weiter.
3 Wenn die gewünschte Kategorie nicht angezeigt wird, klicken Sie auf *Mehr* unten rechts. Windows 11 öffnet ein Menü, in dem sich weitere Kategorien befinden.

Klicken Sie doppelt auf ein Suchergebnis, um dieses mit dem zugeordneten Programm zu öffnen. Alternativ ziehen Sie die Dateien aus der Liste der Suchergebnisse in ein zweites Explorerfenster, in dem Sie schon in das richtige Verzeichnis in Ihrer Ordnerstruktur geöffnet haben.

Suchen in Windows über den Explorer

Die Suche über die Taskleiste ist für das schnelle Finden von Dateien prima. Für das systematische Finden und Umsortieren von Dateien ist der Windows Explorer besser geeignet:
1 Nach dem Start des Explorers klicken Sie links in der Ordneransicht das Laufwerk an, in dem Sie nach Dateien suchen wollen.
2 Klicken Sie dann oben rechts auf das Suchfeld und geben Sie irgendeinen beliebigen Suchbegriff ein, beispielsweise „*.doc“, um alle Word-Dokumente zu finden (mehr zu den sogenannten Wildcards finden Sie im nächsten Abschnitt).

3 Danach sehen Sie im Explorer einen neuen Menüpunkt *Suchoptionen*. Klicken Sie darauf.

4 Klicken Sie nun *Alle Unterordner* an, damit Windows nicht nur im aktuellen, sondern auch in allen darin befindlichen Ordnern sucht.

5 Klicken Sie dann auf *Art* und wählen Sie den gewünschten Dateityp aus.

6 Wollen Sie nur Dateien angezeigt bekommen, die ein bestimmtes Alter haben? Dann klicken Sie auf *Änderungsdatum* und wählen Sie das gewünschte Alter der Dateien aus. Die Suche zeigt dann nur Dateien an, die mindestens so alt sind wie eingestellt.

Verfeinerte Suche: Wildcards

Die Windows-Suche ist im Standard schon sehr leistungsfähig, aber sie bringt in vielen Fällen nur dann Ergebnisse, wenn Sie sehr präzise festlegen, wie die Datei, die Sie suchen, heißen muss.
Was aber, wenn Sie nur einen Teil des Namens kennen? Die sogenannten Wildcards, die noch aus der Zeit von MS-DOS stammen, unter Windows aber immer noch funktionieren, lassen größere Ungenauigkeiten zu. Wenn Sie einen Teil des Namens nicht kennen, dann ersetzen Sie diesen schlichtweg durch ein Sonderzeichen.

- **Stern:** Ein „*" ersetzt einen Teil des Dateinamens (Namen oder Erweiterung) durch beliebige Zeichen, egal welche und wie viele. „Ha*.*" findet beispielsweise „HarryPotter.doc", „Hartweizen.XLS", „Hagrid.png" und viele mehr. Damit können Sie also den Anfang des Dateinamens oder der Erweiterung festlegen.
- **Fragezeichen:** Ein „?" ersetzt genau ein Zeichen im Dateinamen. Sinnvoll ist das, wenn Sie beispielsweise wissen, dass die Namen der gesuchten Dateien immer mit dem Text „Test23_" anfangen und danach zweistellig die Jahreszahl kommt, dann zweistellig der Monat. Sie wollen aber nur alle Dateien auf dem Monat September, also 09. Die passende Wildcard ist dann: „Test23_??09*.*" Ge-

funden werden dann alle Dateien, deren Name mit „Test23_" beginnt, die danach zwei beliebige Zeichen und dann die 09 haben.

Diese Wildcards sind mit allen anderen Suchkriterien kombinierbar. Setzen Sie sie einfach in der Suchleiste ein.

Löschen des Suchverlaufs

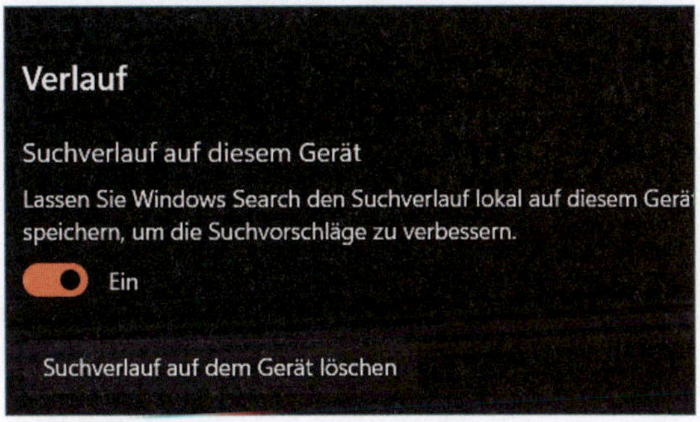

Der Verlauf Ihrer Suchen wird in Windows gespeichert, damit Sie diese Suchen immer wieder neu starten können. Aber: Dieser Suchverlauf ist eine sehr persönliche Information, die gegebenenfalls nicht jeder Anwender sehen soll, der auf Ihren Rechner zugreifen kann. Löschen Sie ihn daher, wenn Ihnen das unangenehm ist:

1 Klicken Sie auf die *drei Punkte* ganz rechts und dann auf *Einstellungen*.

2 Schalten Sie das Speichern des Suchverlaufs mit dem Schalter aus.

3 Bereits gespeicherte Suchanfragen löschen Sie durch einen Klick auf *Suchverlauf auf dem Gerät löschen*.

Suchen in macOS

Die Suche in macOS ist denkbar einfach: Klicken Sie in die *Lupe* in der oberen Symbolleiste auf dem Bildschirm, geben Sie den Suchbegriff ein und Drücken Sie die *Eingabetaste*. Alles andere funktioniert nahezu identisch zu Windows.

Suchen auf dem Smartphone

Bei der Suche gern vergessen: die Vielzahl der Dateien und Informationen, die Sie auf Ihrem Smartphone verwalten und vielleicht irgendwann übertragen wollen. Die beste Variante dafür ist die Verwendung eines Cloudservices wie iCloud, Google Drive, Dropbox oder Microsoft OneDrive. Sind Ihre Daten dort gespeichert, können Sie geräte- und systemübergreifend darauf zugreifen, ohne sie lokal auf dem Telefon oder Tablet speichern zu müssen. Mehr dazu lesen Sie in Kapitel 5 ab Seite 136. Trotzdem wird die ein oder andere Datei nur lokal zu finden sein.

Suchen von Dateien in iOS

Apple verwendet eine zentrale Suche für alle Elemente auf dem iPhone und iPad. Diese findet Musik, Bilder, Dateien, Siri-Ergebnisse, Webseiten und vieles mehr und ordnet die Ergebnisse nach ihrem Typ. Die Suche ist sehr einfach zu benutzen:

1 Auf dem HomeScreen müssen Sie mit dem Finger von oben nach unten wischen.

2 Den Suchbegriff geben Sie dann in das Such-/Eingabefeld ein.

3 iOS durchsucht die installierten Apps (und auch das Internet) nach passenden Einträgen.

4 Unter *Siri-Vorschläge* finden Sie Webseiten und Fundstellen von Siri, unter *Kontakte* die zum Suchbegriff passenden Kontakte, unter *Dateien* die passenden Dateien et cetera.

5 An dieser Stelle können Sie die gefundene Datei dann auch teilen, um Sie beispielsweise an einen Cloudservice zu übertragen oder per E-Mail an den PC zu senden.

Bildersuche bei iOS

Gleich kommen wir noch zum Thema Taggen von Dateien, bei dem Sie Ihren Dateien zusätzliche Suchbegriffe zuordnen können (Seite 50). Das macht Apple bei den Fotos, die Sie mit einem iPhone oder iPad schießen, automatisch: Diese werden im Standard automatisch zu iCloud hochgeladen und dabei analysiert. Apple weist den Bildern die erkannten Objekte zu. Die können Sie dann in der Foto-App nutzen. Stellen Sie sich vor, Sie wissen noch, dass Sie am Eiffelturm waren, aber nicht mehr, wann das war. Manuelles Durchsuchen der Fotos wäre ein Riesenaufwand. Stattdessen können Sie einfach wie folgt vorgehen:

1 Öffnen Sie die App *Fotos* auf dem iOS-Gerät.

2 Tippen Sie auf die *Lupe* und geben Sie dann als Suchbegriff „Eiffelturm" in das Eingabefeld ein.

3 Sie bekommen nun alle Bilder angezeigt, auf denen der Eiffelturm erkannt wurde. Wenn die Erkennung der Bilder nicht fehlerhaft war, wird das gewünschte dabei sein.

Die Kategorisierung der Bilder wird von Apple auf deren Servern vorgenommen und stetig erweitert. Sehenswürdigkeiten, Gegenstände, Orte und andere Dinge erkennt iOS automatisch. Was aber ist mit Oma Erna? Die kann iOS so erst einmal nicht kennen, wenn sie nicht gerade prominent und damit im Internet zu finden ist. Aber Sie können sie selbst bekannt machen:

1 In der Suche der Foto-App finden Sie einen Abschnitt *Personen*. iOS sortiert hier gleiche Gesichter einer Person zu.

2 Tippen Sie das Bild einer Person an, dann rollen Sie wieder nach unten und Tippen unter *Personen* auf *Unbekannte Person*.

3 Tippen Sie dann oben auf dem Bildschirm auf *Name hinzufügen* und geben Sie den Namen der Person ein.

4 iOS durchsucht danach alle Bilder, auf denen es die Person erkennt und ordnet diesen den Namen zu. Ab sofort können Sie nach dem Namen der Person suchen.

Das Such-Widget bei Android

Android hat die Suche quasi erfunden. Oder anders: Android kommt von Google (neuerdings Alphabet), der Quelle der Google-Suchmaschine. Wenig verwunderlich: Damit haben Sie auf jedem Android-Gerät ein sogenanntes Such-Widget, ein Eingabefeld für den Startbildschirm, das Ihre eingegebenen Suchbegriffe direkt über Google suchen lässt.

Suche verfeinert: Taggen von Dateien

Wenn Sie Dateien suchen, dann hängt die Qualität der Suchergebnisse nicht nur von der Genauigkeit Ihrer Suchanfrage ab, sondern auch davon, auf welche Informationen das Betriebssystem zugreifen kann. Bei Dateien, die Text enthalten, kann Windows auf die Inhalte zugreifen. Das funktioniert aber nicht bei Dateien in speziellen Formaten, die nicht direkt von Microsoft kommen. Hier hilft ein Trick: Die Verwendung von Tags. Das sind kleine Textschnipsel, die in die Metainformationen von Dateien geschrieben werden können. Vergleichbar zu einer Haftnotiz, die zusätzliche Informationen enthält. Darauf kann die Suche dann zugreifen.

→ Sinnvolle Tags vergeben

Stellen Sie sich Tags vor wie kleine Klebezettel, mit denen Sie einen Gegenstand kennzeichnen. Diese Zusatzinformationen sollten natürlich über das Offensichtliche hinaus gehen: Dass es sich um eine Datei oder ein Word-Dokument handelt, das sehen Sie direkt. Aber worum geht es? Ein Reisebericht um die darin beschriebenen Orte, Sehenswürdigkeiten und Personen, ein Protokoll um Themen und Teilnehmer. Wie viele Tags Sie verwenden, bleibt Ihnen überlassen, eine feste Grenze gibt es hier nicht.

Tags in Office-Dateien

Bei den Office-Programmen ist die Möglichkeit, Tags zu vergeben, bereits integriert:

1 Klicken Sie in Word, Excel, PowerPoint und anderen Office-Apps auf *Datei > Speichern unter > Weitere Optionen*.

2 Rechts finden Sie unterschiedliche Informationen, die durch Hineinklicken änderbar sind. Dazu gehören die Markierungen, in die einzelne Tags, die das Dokument beschreiben, durch Semikola getrennt eingetragen werden können.

3 Alternativ haben Sie über *Datei > Informationen > Alle Eigenschaften anzeigen* Zugriff auf die Informationen.

Taggen per App

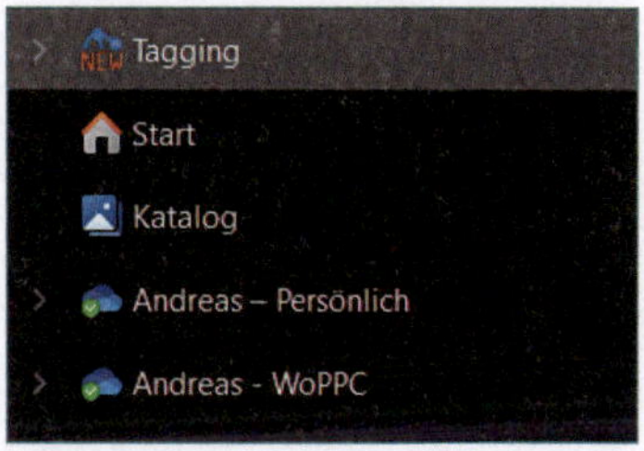

Windows erlaubt leider im Standard nur das Taggen von Office-Dateien, das reicht Ihnen in vielen Fällen aber nicht aus. Gerade Bilder und andere Standarddateitypen, die nicht zu Office gehören und keinen Text enthalten, sind schwer zu finden. Hier kann die kostenlose App Tagging for Windows (tagging.connectpaste.com) eine Hilfe sein. Sie befindet sich nach der Installation als zusätzliche Option im Windows Explorer und erlaubt über ein neues Menü unter der Detailansicht im Explorer das Taggen von Dateien:

1 Klicken Sie eine Datei beziehungsweise einen Ordner an oder markieren Sie mehrere Elemente.

2 Unter dem Detailfenster finden Sie das Fenster mit den Tags.

3 Durch Drücken von *Strg + Plus* können Sie einer Datei neue Tags zuordnen. Wichtig dabei: Im Gegensatz zu Office müssen Sie die Tags nacheinander eingeben. Statt sie mit einem Semikolon zu trennen, legen Sie für jeden Begriff ein neues Tag an.

Wenn Sie mithilfe der App alle Dateien zu einem Tag finden möchten, gehen Sie wie folgt vor:

1 Die App legt im Verzeichnisbaum des Explorers einen neuen Bereich *Tagging* an.

2 Klappen Sie Tagging aus, dann sehen Sie alle Tags, die Sie vergeben haben.

3 Über *Smart View* können Sie nach mehreren Tags suchen, wählen Sie die gewünschten Tags dort aus.

4 Klicken Sie auf die *Lupe*, um die gewünschten Tags zu suchen.

Ordnung ist alles: Die Struktur

Im Lauf dieses Kapitels ist Ihnen vermutlich bewusst geworden, dass Sie eine große Menge an Dateien haben. Die Suche ist eine hilfreiche Funktion, um Dateien aufzuspüren, auch das Tagging trägt dazu bei, Dateien schneller zu finden, aber am Ende ist es viel effizienter und stressfreier, wenn Sie Ihre Dateien gleich so ablegen, dass Sie sie ohne lange Suche direkt finden.

Das Grundprinzip aller Betriebssysteme ist gar nicht so viel anders als in Ihrem Büro: Statt alle Blätter irgendwo abzulegen, überlegen Sie sich eine Struktur aus Räumen, Schränken und Ordnern, in die die Blätter abgeheftet werden. Suchen Sie eine alte, unwichtige Unterlage („Steuererklärung 1985" ...), wissen Sie, dass die im Keller (und nicht im Arbeitszimmer) liegen wird. Im Keller finden Sie schnell den Aktenschrank, öffnen ihn, finden einen Ordner „Steuer" und darin die Unterteilung nach Jahren. Schon haben Sie ohne großen Aufwand die gewünschte Steuererklärung vor sich liegen.

Das richtige Laufwerk wählen

Was dem Haus die Zimmer sind, sind für Ihre Dateien die Laufwerke. Dateien, die Sie selten brauchen, legen Sie beispielsweise auf einer externen Festplatte (dem „Keller") ab. Das schafft Platz auf der internen Festplatte, deren Kapazität begrenzt und nicht so einfach erweiterbar ist.

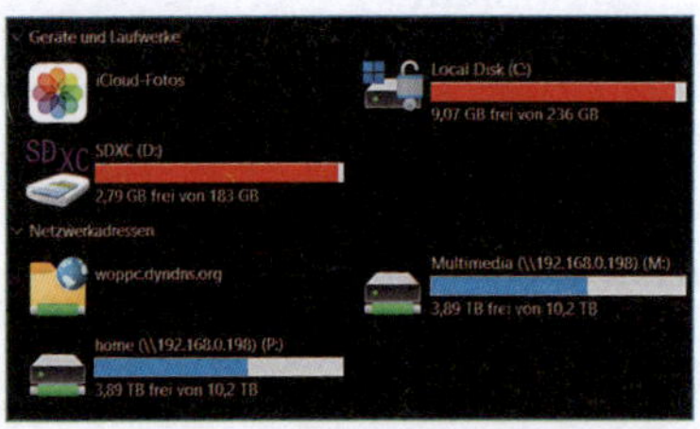

Daten, die Sie immer brauchen, bleiben auf der internen Festplatte. Und wenn Sie Dateien mit mehreren Personen teilen wollen, dann legen Sie sie auf eine Netzwerkfestplatte (wenn alle der Zugreifenden im selben Netzwerk sind) oder auf ein Cloudlaufwerk.

Eine Herausforderung ist das Verwalten riesiger Datenmengen. Wenn Sie viel fotografieren und alle Bilder aufheben oder viel Videobearbeitung machen, dann sprengen Sie schnell die Kapazität einer internen Festplatte. Hier ist es sinnvoll, direkt eine große externe Festplatte zu verwenden und diese dauerhaft am Rechner angeschlossen zu lassen. Achten Sie aber darauf, dass Sie diese dann auch regelmäßig auf einen anderen Datenträger sichern!

Da externe Festplatten meist langsamer als die internen sind, ist es empfehlenswert, die Daten aufzuteilen:

- **Aktuelles auf die interne Platte:** Halten Sie die aktuellen Projekte, mit denen Sie gerade oder regelmäßig arbeiten, auf der internen Festplatte.
- **Erledigtes auf die externe Platte:** Wenn die aktive Arbeit daran abgeschlossen ist, verschieben Sie sie auf die externe Festplatte.
- **Umkopieren nach Bedarf:** Wollen Sie an Ihrem Notebook unterwegs mit diesen Dateien arbeiten, kopieren Sie wieder die betroffenen Dateien von der externen auf die interne Festplatte.

Anlegen einer Ordnerstruktur

Ein Laufwerk wie eine Festplatte, SSD oder ein USB-Stick ist erst einmal wie ein leerer Aktenschrank: ohne Struktur und falsch genutzt ein Garant für Chaos und mangelnde Übersicht. Das Fassungsvermögen ist viel zu groß, als dass Sie Ihre Daten ohne Unterteilungen schnell finden könnten.

Auf den internen Laufwerken haben Sie vom Betriebssystem bereits eine gewisse Struktur vorgegeben (siehe Seite 32). Diese ist aber auch noch sehr grob und unterschiedet erst einmal nur Dateitypen. Auf Ihrem Rechner wie in Ihren Aktenschränken ist die Lösung die Verwendung und weitere Unterteilung von Ordnern.

Wichtig zu wissen: Die Verzeichnisse auf einem Rechner sind von der Struktur her vergleichbar mit einem Baum, weshalb auch vom „Verzeichnisbaum“ gesprochen wird. Sie haben eine Wurzel (den Ordner an sich). Öffnen Sie diesen, dann haben Sie eine Vielzahl von Registern als Unterteilung darin. Wenn Sie eines dieser Register öffnen, dann ist das wiederum vielfältig unterteilbar und so weiter und so fort.

Windows und Microsoft-Dienste wie Sharepoint und OneDrive haben unterschiedliche Anforderungen daran, wie lang ein Pfadname, also der gesamte Weg vom obersten Verzeichnis bis zum letzten Unterordner sein darf. Als grobe Orientierung:

- **Nicht mehr als fünf:** Mehr als fünf Ebenen sind in den meisten Fällen nicht sinnvoll, denn je kleinteiliger Sie werden, desto länger suchen Sie am Ende den richtigen Ordner.
- **Pfadlänge maximal 200 Zeichen:** Wenn man alle Vorgaben von Windows übereinanderlegt, dann sollte die maximale Länge des Verzeichnispfades 200 Zeichen nicht überschreiten.
- **Bitte keine „Resteordner"!** Vermeiden Sie „Resteordner" wie „Sonstiges" oder „Allgemein". Diese werden der Erfahrung nach die meisten Dateien enthalten, weil jede nicht eindeutig einem anderen Ordner zuzuordnende Datei darin landet. Das Chaos ist dann vorprogrammiert.

Die optimale Struktur finden

Bevor Sie anfangen, eine Festplatte in Verzeichnisse zu unterteilen, überlegen Sie sich, welche Anwendungsbereiche Sie haben. Vielleicht haben Sie verschiedene „Welten", in denen Sie leben. Beispielsweise Lebensbereiche wie „Privates", „Berufliches", vielleicht sind Sie noch in einem „Verein" tätig und sammeln dafür unterschiedliche Dokumente. Schon haben Sie die drei obersten Ebenen Ihrer Ordnerstruktur. Diese legen Sie jetzt als Unterordner Ihres „Dokumente"-Ordners auf der Festplatte an.

Für jeden dieser Ordner werden Sie unterschiedliche Arten von Dokumenten haben. In allen Fällen „Rechnungen", aber für den Beruf haben Sie beispielsweise unterschiedliche „Projekte", während im Privaten eher die „Familie", „Freunde" und „Rechnungen" als nächste Ebenen Ihrer Ordner in Betracht kommen.

→ Von der vorgegebenen Struktur abweichen

Natürlich steht es Ihnen vollkommen frei, von der von Windows und macOS vorgegebenen Struktur abzuweichen. Vielleicht ist es sinnvoller, die Struktur schon auf der obersten Ebene nach den beschriebenen Lebensbereichen aufzubauen und diese später nach Dateitypen zu unterteilen. Oder gar ganz auf die Sortierung nach Typen zu verzichten: Wenn Sie im privaten Ordner für die Familie alle Urlaube als Unterordner angelegt haben, dann können dadurch auch alle Bilder, Videos und das Reisetagebuch zusammen abgelegt werden.

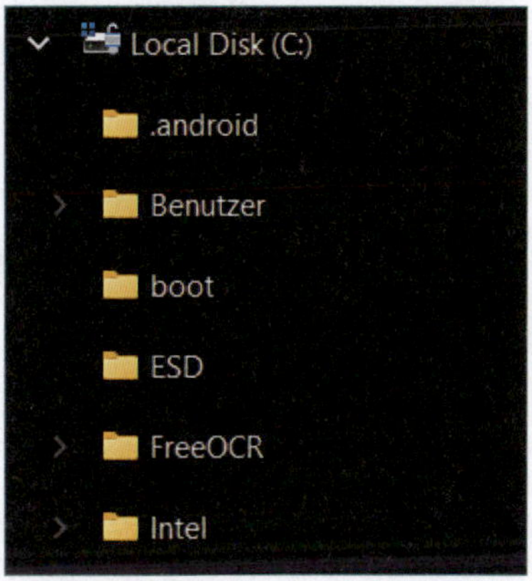

Nachdem Sie sich Gedanken darüber gemacht haben, wie die für Sie optimale Ordnerstruktur aussieht, können Sie den nächsten Schritt gehen: Legen Sie sie an.

Anlegen der Ordnerstruktur

Zum Anlegen eines Ordners benötigen Sie den Dateimanager Ihres Betriebssystems. Das ist bei Windows der Windows Explorer, bei macOS der Finder. Starten Sie diesen.

1 Auf der linken Seite sehen Sie eine Übersicht der Laufwerke auf Ihrem Rechner. Wenn die in Windows nicht sichtbar ist, klicken Sie auf *Mein PC*.

2 Navigieren Sie wie gewohnt an die Stelle im Verzeichnisbaum, indem Sie sich durch den Verzeichnisbaum klicken.

3 Wenn Sie in dem Verzeichnis angekommen sind, in dem das neue Unterverzeichnis angelegt werden soll, dann klicken Sie mit der rechten Maustaste in eine freie Stelle und dann *Neu*, *Ordner* (Windows) beziehungsweise *Neuer Ordner* (Mac).

4 Geben Sie dem neuen Verzeichnis den Namen Ihrer Wahl, indem Sie ihn eintippen.

5 Sollte das Verzeichnis bereits mit *Neuer Ordner* benannt sein, dann klicken Sie mit der rechten Maustaste darauf und dann auf *Umbenennen*. Jetzt können Sie den richtigen Namen eingeben und mit der Eingabetaste bestätigen.

Dateien abspeichern

Sie haben eine logische Struktur für Ihre Dateien angelegt, die Sie beim Speichern neuer Dateien nutzen können. Das geht dann ganz einfach:

1 Klicken Sie in dem Programm, in dem Sie die Datei erzeugt haben, auf *Datei > Speichern unter*.

2 Wählen Sie im Verzeichnisbaum das richtige Verzeichnis aus. Dieser Vorgang geht genauso vonstatten wie im Explorer beziehungsweise Finder.

3 Speichern Sie die Datei unter einem sprechenden Namen darin ab.

Dateien umsortieren

Was aber machen Sie mit den bereits irgendwo gespeicherten Dateien? Ganz einfach: Sortieren Sie sie um. Das ist ein einmaliger Aufwand, der sich aber schnell rechnet:

1 Öffnen Sie zwei Explorer- oder Finder-Fenster. Platzieren Sie diese durch Skalieren und Verschieben so, dass sie beide auf dem Bildschirm sehen können.

2 Navigieren Sie in dem einen in das Verzeichnis, in das Sie die Dateien einordnen wollen, in dem anderen suchen Sie die Dateien heraus, die Sie umsortieren wollen.

3 Nutzen Sie beispielsweise die Suche (siehe ab Seite 42), wenn Sie den genauen Speicherort der Dateien nicht kennen.

4 Markieren Sie die Dateien mit der Maus und ziehen Sie sie in das Fenster des Zielverzeichnisses.

5 Wichtig hierbei: Wenn Sie Dateien aus einem Verzeichnis eines Laufwerks in ein anderes Verzeichnis auf demselben Laufwerk kopieren, dann werden diese verschoben (also aus dem Quellverzeichnis gelöscht).

6 Um die Dateien zu kopieren (dann also eine Kopie im Quell- und eine identische im Ziellaufwerk zu haben), halten Sie beim Ziehen der Dateien mit der Maus bei Windows die Strg- bzw. beim Mac Option-Taste gedrückt.

So können Sie schnell alle Dateien eines Typs, Datums oder Namensteils in Ihre Ordner einsortieren. Das ist zum Beispiel auch dann wichtig, wenn Sie einzelne Daten manuell auf eine externe Festplatte sichern wollen.

Umgang mit Dubletten

Wenn Sie sich regelmäßig einen Überblick über Ihre Dateien verschaffen, dann fällt Ihnen schnell eines auf: So manche Datei kommt nicht nur einmal vor. Das bedeutet nicht nur verschwendeten Speicherplatz, sondern auch gegebenenfalls fehlende Übersicht: Welche Datei ist die richtige? Den Überblick über doppelte Dateien manuell zu bekommen, kann eine Herausforderung sein. Hilfreich kann dann zum Beispiel die Freeware AllDup (alldup.de) sein.

Um mithilfe dieses Programms eine Duplikatsuche zu starten, sind nur drei Schritte erforderlich:

1 Legen Sie den/die *Quellordner* fest. Dieser (und alle Ordner darin) werden in die Duplikatsuche aufgenommen. Hier ist es sinnvoll, Ihre am meisten verwendeten Dokumentenordner zu nehmen. Wenn Sie stattdessen die ganze Festplatte verwenden, dann dauert die Suche viel länger und das Ergebnis enthält Systemdateien, die Sie gar nicht interessieren.

2 Legen sie die *Suchmethode* fest: Im Standard sucht AllDup nach gleichen Dateinamen. Für viele Dateien reicht das. Wenn Sie wirklich komplett gleiche Dateien finden wollen, dann sollten Sie zusätzlich Änderungsdatum und -zeit und die Größe mit aufnehmen.

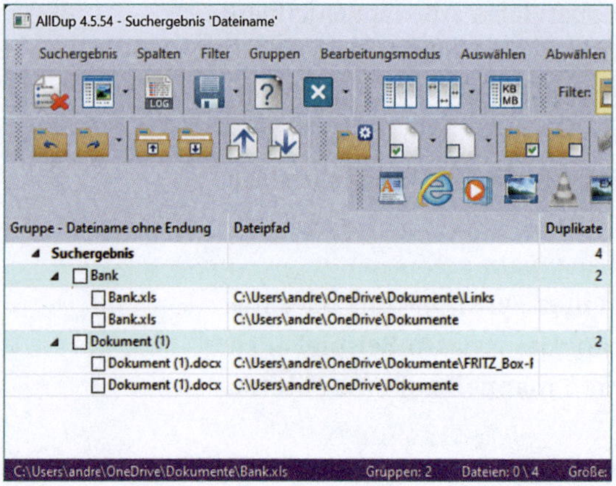

3 Klicken sie, nachdem Sie diese Einstellungen vorgenommen haben, auf *Suche starten*, und schon geht's los.

Nach Abschluss der Suche zeigt Ihnen das Programm für jedes Duplikat eine Liste der Versionen an. Wenn Sie die Version identifiziert haben, die Sie behalten wollen, klicken Sie mit der rechten Maustaste darauf und wählen *Alle anderen Dateien in dieser Gruppe löschen*. Schon haben Sie nur noch eine Version der Datei auf der Festplatte!
Für den Mac gibt es Gemini 2 (macpaw.com/de/gemini), ein ähnlich funktionierendes Programm.

Verknüpfungen sinnvoll nutzen

Sie haben nun eine sehr durchdachte Ordnerstruktur angelegt und gründlich aufgeräumt. Jetzt kann es losgehen, die Arbeit im perfekt aufgeräumten virtuellen Arbeitszimmer. Ärgerlich ist es dann allerdings, wenn Sie für Ihr erstes Projekt ausgerechnet die Dateien aus einem Ordner brauchen, den Sie ganz tief in Ihrer Ordnerstruktur vergraben haben. Also immer bis dahin „durchklicken"? Oder den Ordner doch wieder ganz oben auf den Desktop legen – auf die Gefahr hin, dass Sie später vergessen, ihn wieder an seinen eigentlichen Platz zu legen?
In solchen Fällen kann eine Verknüpfung eine große Hilfe sein: Das ist eine kleine Datei, die nichts anderes als ein Wegweiser zu dem tatsächlichen Speicherort ist, aber selbst keine Daten enthält. Wenn Sie darauf klicken, dann gelangen Sie automatisch zur ge-

wünschten Datei oder zum gewünschten Ordner. So legen Sie eine Verknüpfung an:

1 Gehen Sie zur Datei oder zu dem Ordner, für die oder den Sie eine Verknüpfung anlegen wollen.

2 Klicken Sie mit der rechten Maustaste darauf und wählen Sie im Menü *Verknüpfung erstellen*. (Beim Mac heißt die Funktion *Alias erzeugen*, funktioniert ansonsten aber ganz genauso.)

3 Die Verknüpfung taucht dann im selben Ordner auf. Sie erkennen sie daran, dass am Ende des Dateinamens das Wort „Verknüpfung" steht.

4 Diese Verknüpfung können Sie dann wie eine normale Datei verschieben. Meist ist es sinnvoll, sie auf den Desktop zu legen.

5 Ab jetzt können Sie die Datei oder den Ordner immer ganz schnell durch einen Klick auf die Verknüpfung erreichen.

So komfortabel das ist, es birgt auch ein Risiko: Eine Verknüpfung ist eben nur ein Wegweiser.

→ Nicht mit der Datei verwechseln!

Das Sichern einer Verknüpfung ist unsinnig. Es sichert nicht die Datei und die Daten darin! Wollen Sie hingegen etwas löschen, bringt es wenig, nur die Verknüpfung zu löschen. Dann ist nur der Wegweiser weg, die Daten sind aber immer noch an ihrem eigentlichen Speicherort.

Achten Sie daher gerade beim Erstellen von Sicherungskopien oder bei Auf- und Umräumen immer darauf, ob Sie es mit einer echten Datei oder mit einer Verknüpfung zu tun haben. Es empfiehlt sich auch, Verknüpfungen, die Sie nicht mehr benötigen (vielleicht, weil das Projekt nun abgeschlossen ist), zu löschen.

Alles kann passieren!

Fehlender Überblick ist ein wichtiges Stichwort – leider auch im Hinblick auf die unzähligen Gefahren, in denen Ihre Daten potenziell schweben. Lassen Sie sich nicht verunsichern: Viele Szenarien sind unwahrscheinlich. Wahr ist aber auch: Je unwahrscheinlicher ein Szenario ist, desto weniger bereiten wir uns darauf vor. Das führt schnell dazu, dass der Schaden höher ist, weil auch die einfachsten Schutzmechanismen nicht aktiv sind. Wir zeigen Ihnen, was alles passieren kann und wie Sie sich schützen können.

Malware – die (un)bekannte Gefahr

Wenn man über Gefahren für PCs und Smartphones spricht, kommt man an einem Thema nicht vorbei: Viren. Trojaner, Würmer, Ransomware, die Namen und Wirkungen sind vielfältig. Das Ergebnis aber ist meist das Gleiche: Durch Malware beziehungsweise Schadprogramme verlieren Sie wertvolle Daten. Und im schlimmsten Fall sind diese auch nicht wiederherstellbar: Wenn der Virus schon im System war, ist das Backup gegebenenfalls auch virenbelastet und nicht wiederherstellbar.

Der klassische Computervirus

Computerviren sind aus einer gut gemeinten Forschungsidee entstanden: dem Prozess der Replikation, also der Selbstvervielfältigung. In der Natur weit verbreitet sorgt er dafür, dass Ökosysteme und Arten überleben können. Wie so oft in der Computerei versuchte man, dies am Computer nachzustellen. Die anfänglichen Programme sollten zwischen Rechnern in einem Netzwerk hin- und herspringen können. Heute ist das anders: Computerviren haben echte Schadfunktionen, die in den allermeisten Fällen alles andere als lustig sind. Daten werden gelöscht, verschlüsselt, verändert, und Sie müssen irgendwie damit leben.

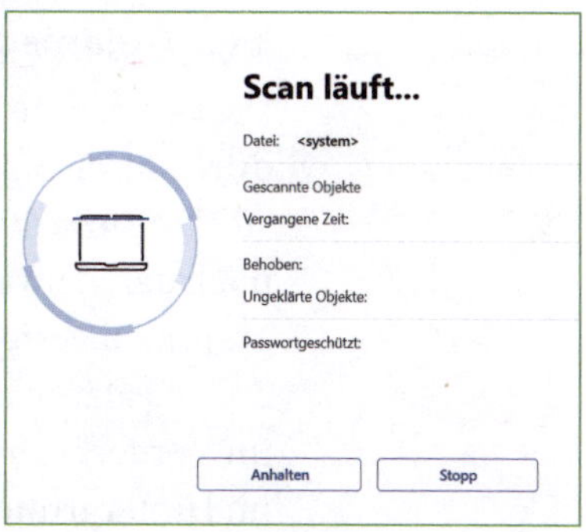

Info

Für Macs gibt es keine Viren? Diese Aussage stammt noch aus der Zeit, als der Macintosh ein Nischenprodukt war, das meist nur Marketing- und Grafik-Menschen verwendet haben. Dafür hat allerdings die Marketing-Maschinerie von Apple in den letzten Jahren viel zu gut funktioniert. Macs sind mittlerweile so verbreitet, dass es sich auch lohnt, Viren für Macs zu entwickeln.

Der Wurm

Während Computerviren in der Regel darauf angewiesen sind, dass Sie Ihren Beitrag zu ihrer Aktivierung leisten – indem Sie eine Datei öffnen, ein Programm ausführen oder etwas Ähnliches tun –, sind Würmer deutlich autarker: Sie können sich, wenn sie einmal in Ihrem System angekommen sind, ganz von selbst verbreiten und replizieren. Ein Wurm braucht also keine Datei, die Sie als Benutzer aktiv verwenden. Umsichtiges Verhalten allein bietet an dieser Stelle also keinen Schutz, Sie sollten daher immer auch ein Antivirenprogramm installiert haben (lesen Sie hierzu Seite 93 und ab Seite 128). Meist kommen Würmer über Sicherheitslücken in installierten Programmen auf Ihren Rechner. Daher sind regelmäßige Updates wichtig (Seite 87 und ab Seite 125).

Das Trojanische Pferd

Die Geschichte der belagerten Stadt Troja ist weithin bekannt. Erst durch ein Holzpferd konnten die sich im Bauch des Pferdes versteckten griechischen Soldaten die Stadt von innen erobern. Im Bereich der Malware ist ein Trojanisches Pferd, kurz Trojaner, ein Programm, das sich als etwas Gutes tarnt und Böses macht: Es fragt Zugangsdaten ab und gibt diese an Kriminelle weiter oder es läuft im Vordergrund mit einer für Sie nützlichen Funktion und löscht im Hintergrund Dateien und so weiter.

Der Makro-Virus

„Viren sind nur in Programmen vorhanden. Wenn ich keine unbekannten Programme ausführe, dann bin ich ja sicher!" Stimmt doch. Oder? Die Antwort wird Ihnen nicht gefallen: Nein, leider nicht! Makro-Viren sind das Gegenbeispiel.

→ Was ist ein Makro?

Als Makros werden Automatisierungen bezeichnet, die etwa Informationen sammeln oder Tastaturanschläge simulieren, um Benutzereingaben zu erzeugen. Makros sind an sich nichts Schlechtes, sondern äußerst nützlich und vielseitig einsetzbar. Sie können aber auch für böse Zwecke missbraucht werden.

Makros werden zum Beispiel in Excel-Tabellen oder Word-Dokumenten häufiger eingesetzt. Das Gefährliche daran: Word-Dokumente oder Excel-Tabellen scheinen arbeitsbezogen, gewohnt, harmlos. Sie sind also leicht geneigt, diese zu öffnen. Wenn Sie das tun, kann ein eventuell vorhandener Schad-Makro seine üblen Taten vollbringen: Daten auslesen, Dateien verändern, die Möglichkeiten sind vielfältig. Makro-Viren sind stark verbreitet.

Die Infektionswege

Sicherlich ist Leichtsinn oft ein Faktor, der die Infektion mit einem Virus begünstigt, aber auch vorsichtige Anwender können sich einen Virus einfangen. Beispiele gefällig? Bitteschön:

- **Bereits infizierte Dateien:** Oft läuft es bei Malware ähnlich wie bei der Infektion mit einer echten Krankheit: Sie kommen mit einer Datei in Berührung, die bereits infiziert ist, und öffnen diese. Schon ist der Virus in Ihrem System ...

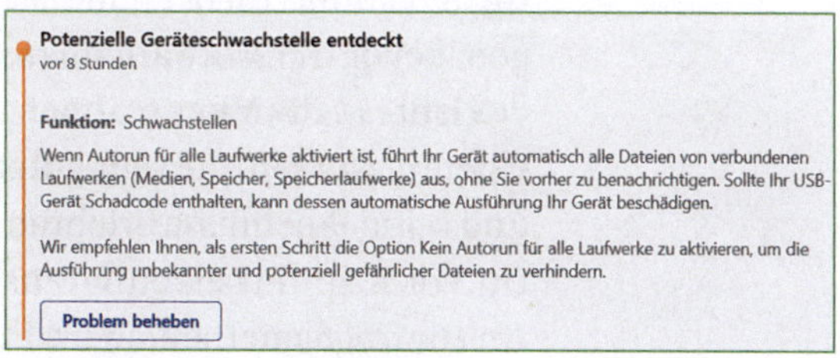

► **Der vielversprechende Link:** Da preist jemand eine Ware für einen viel geringeren Preis als sonst üblich an. Oder wussten Sie schon, dass es ein belastendes, leicht schlüpfriges Video einer prominenten Person nur einen Klick entfernt zu bestaunen gibt? Diese und vergleichbare Links führen in nahezu allen Fällen nicht zum angepriesenen Ziel, sondern zu einer Malware oder einer Phishing-Seite. Mehr dazu ab Seite 61 und ab Seite 70.

► **Der interessante Anhang:** Ähnlich funktioniert es bei E-Mails, die einen vermeintlich interessanten Anhang enthalten. Die meisten E-Mail-Systeme lassen Programme als Anhänge gar nicht erst durch. Dokumente aber schon. Und die können Links enthalten ... oder Makroviren.

► **Der kostenlose USB-Stick:** Falls Sie irgendwo einen USB-Stick finden: Die Wahrscheinlichkeit, dass sich darauf eine Malware befindet, die Sie sich in Ihr System einlädt, wenn Sie den Stick nutzen, ist nicht gering. Tatsächlich werden solche Sticks weit gestreut, um die Rechner der nichts ahnenden Finder zu infizieren.

► **Andere USB-Geräte:** So schön es ist, dass USB ein geräte- und systemübergreifender Standard ist, so gefährlich ist das auch: Keylogger, die jeden Tastaturanschlag mitlesen (und damit auch Benutzernamen und Passwörter), sehen USB-Sticks täuschend ähnlich und lassen sich leicht in andere Geräte integrieren. Man spricht hier von sogenannten Bad-USB-Angriffen.

Skepsis ist der beste Schutz

Keine Frage: Technische Hilfsmittel wie ein Virenscanner sind nötig und können schon eine Vielzahl von Malware-Angriffen abfangen, bevor die Malware überhaupt aktiv wird. Wir haben Anfang des Jahres 2023 Virenscanner getestet und dabei erfreulicherweise einige gefunden, die sehr guten Schutz bieten. Mehr über den Test und seine Ergebnisse erfahren Sie ab Seite 128.

Doch selbst die besten Virenscanner garantieren keine hundertprozentige Sicherheit. Denn ihre Funktionsweise ist darauf ausge-

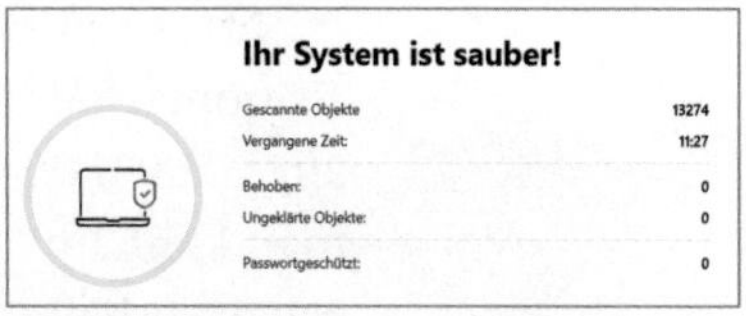

legt, dass die Viren bekannt sind: Dateien werden auf bekannte Muster untersucht. Wird ein bekanntes Muster eines Virus gefunden, dann gilt die Datei als infiziert und wird isoliert. Dieses Prinzip kennen aber leider auch diejenigen, die die Malware programmieren. Sie setzen darauf, durch kleinere Modifikationen immer neue Muster zu schaffen, die den Virenscannern dann erst noch beigebracht werden müssen.

Windows hat mit dem Windows Defender allerdings eine Lösung mit an Bord, die auf Schwarmintelligenz setzt und neue Bedrohungen sehr schnell erkennt und für alle Windows-Benutzer im Handumdrehen erkennen lässt. Allein auf den sollten Sie sich aber nicht verlassen. Mehr dazu finden Sie auf Seite 128. Trotzdem: Die ungefährlichste Malware ist die, die Ihr System gar nicht erst erreicht!

Vertrauen will verdient sein

Würden Sie einem Fremden all Ihre Geheimnisse anvertrauen? Einen Sportwagen für 1000 Euro kaufen und damit fahren? „Niemals!", würden Sie wahrscheinlich antworten. Ihre Daten sind wertvoll. Bevor Sie diese einer Gefahr aussetzen, schauen Sie sich genau die Umstände einer vermeintlich guten Gelegenheit an:

- **Unbekannte Quellen:** Öffnen Sie keine Dateien, E-Mail-Anhänge oder Links aus Quellen, die Sie nicht kennen oder die Sie nicht prüfen können. Sie kennen den Absender nicht und erwarten auch keine E-Mail? Skepsis ist angebracht. Sie kennen den Absender zwar, aber der Mailtext passt nicht oder die Datei ist sonderbar? Im Zweifelsfall fragen Sie erst einmal direkt beim angeblichen Absender nach. Vielleicht ist sein Postfach gehackt worden.
- **Zu gut, um wahr zu sein:** Ein Angebot, das viel zu gut erscheint, um wahr zu sein, ist meistens auch nicht echt. Entweder ist die angepriesene Ware nicht echt oder sie ist nicht legal (was vor allem bei Fake-Shops zum Tragen kommt, siehe ab Seite 76).

- **Informationen schützen:** Überlegen Sie genau, welche Informationen Sie teilen. Beim Gespräch in der Öffentlichkeit, in sozialen Medien oder in der Teams-Videokonferenz: Es hört immer jemand mit. Im Zweifel haben andere nichts Gutes im Sinn und nutzen die erhaltenen Informationen gnadenlos für ihre Zwecke.

Ransomware – Erpresseralarm!

Ein Malware-Befall bedeutet immer Stress. Sie müssen einen Weg finden, wieder an Ihre Daten zu gelangen, können nicht weiterarbeiten oder werden zumindest gebremst. Vielleicht wurden die Daten sogar gelöscht und Sie müssen sie sich aus einem Backup wiederherstellen. Am Ende haben Sie es aber in der Hand und können viel dazu beitragen, wieder arbeiten zu können. Schlimmer ist es, wenn sich ein Dritter ins Spiel bringt und Sie erpresst. Erpressungsattacken in der digitalen Welt sind in den meisten Fällen nicht persönlich gemeint, sondern Teil größerer Kampagnen. Die Opfer werden also nicht gezielt ausgewählt, sondern es kann jeden treffen.

Die Erpresser-E-Mail

Haben wir nicht alle etwas zu verbergen? Auf unserem täglichen Weg durchs Internet kommen wir oft an zwielichtigen Angeboten vorbei, sodass wir uns vielleicht gar nicht mehr erinnern, ob wir der Versuchung erlegen sind oder nicht. Genau darauf zielt eine Masche, die so perfide wie gefährlich ist: Sie erhalten eine E-Mail, in der Ihnen eine Verfehlung vorgeworfen wird. Diese wird oft dadurch untermauert, dass in der E-Mail eine existierende (meist alte) E-Mail-Adresse und das zugehörige, korrekte Passwort enthal-

ten sind. Diese Daten wären, so behauptet die E-Mail, bei Ihrem Vergehen heimlich ausgespäht worden.
Sie erschrecken. Wenn die Verbrecher das Passwort kennen, muss an der Behauptung etwas dran sein. Tatsächlich aber ist das meistens nicht der Fall. Der vermeintliche Beweis kommt aus einer Datenbank mit bei Datenlecks gestohlenen Kombinationen aus E-Mail-Adressen und Passwörtern (siehe auch Seite 89).

→ Ändern Sie Ihr Passwort!

Nur eines beweist eine solche Mail tatsächlich: dass jemand Ihr Passwort kennt! Wenn Sie Glück haben, ist dieses Passwort ohnehin ein älteres, das Sie längst geändert haben. Wenn dem jedoch nicht so ist, sollten Sie unbedingt sofort das Passwort ändern.

Die E-Mail an sich aber können Sie einfach ignorieren. Zahlen Sie bloß keine Bitcoins an irgendwelche Strauchdiebe. Wenn Sie wirklich ein Vergehen begangen haben sollten und dafür offiziell zur Rechenschaft gezogen werden, dann geschieht das nicht über irgendwelche dubiosen E-Mails, die meist noch vor Rechtschreibfehlern strotzen.

Die Ransomware

Während der Schreck über die Erpresser-E-Mail meist schnell vergeht und einem erleichterten Lachen über die Dreistigkeit der Absender Platz macht, stellt Ransomware eine viel größere Gefahr dar: Diese Art der Malware verschlüsselt nämlich Ihre Daten.
Wenn „Verschlüsselung“ für Sie ein positiver Begriff ist, Sie dabei an ein Sicherheitsmerkmal und einen Schutz gegen Datenmissbrauch denken, liegen Sie nicht ganz falsch (siehe Seite 132). Leider liegt genau hier das Problem. Stellen Sie sich Folgendes vor: Sie haben ein teures Fahrrad und wollen es sichern. Sie nehmen ein hochwertiges Schloss und schließen es damit an einen festen Ge-

genstand an. Das ist ein guter Diebstahlschutz, denn ohne den Schlüssel ist es kaum möglich, das Fahrrad mitzunehmen.

Doch was ist, wenn nicht Sie Ihr Fahrrad anschließen, sondern jemand anderes? Diese Person hat den Schlüssel, nicht Sie. Sie haben keine Chance, Ihr eigenes Fahrrad freizubekommen und mitzunehmen. Es sei denn, Sie einigen sich mit dem Eigentümer des Schlosses darauf, dass er wieder aufschließt.

Exakt so funktioniert eine Ransomware – der Begriff ist eine Mischung aus dem englischen Wort „ransom" (Lösegeld) und Malware. Über Ransomware werden Ihre Daten verschlüsselt. Ohne Schlüssel sind sie nur noch unleserlicher Datenbrei. Den Schlüssel aber hat der Angreifer, und der fordert Sie auf, ihm einen bestimmten Betrag zu überweisen, damit er die Daten wieder freigibt. Meist soll die Überweisung über kaum nachvollziehbare Zahlungsdienste wie Western Union oder mithilfe von Kryptowährungen geschehen. Sie stehen nun vor der Wahl: Zahlen? Oder auf die Daten verzichten?

Im Ernstfall: Erst einmal recherchieren

Zahlen Sie im Falle einer Infektion nicht vorschnell. Zum einen ist das oft nicht nötig, zum anderen auch kein Garant dafür, dass Sie Ihre Daten dauerhaft freibekommen. Es gibt Angreifer, die nach der Zahlung Wort halten und Ihnen den Schlüssel zur Verfügung stellen. Oft ist es aber so, dass Sie entweder immer mehr zahlen sollen oder aber die Ransomware nach kurzer Zeit wieder zuschlägt.

Wie so oft kann das Internet eine wertvolle Hilfe sein: Die Köpfe hinter einer Ransomware sind meist kommunikativ. Sie wollen zeigen, wie gut sie sind. Natürlich geht das nicht so weit, dass man sie als Verantwortliche identifizieren kann, aber sie hinterlassen Informationen im Erpressungsschreiben oder geben der Meldung auf dem Bildschirm ein bestimmtes Aussehen. Nach diesen Merkmalen können Sie im Internet suchen, indem Sie beispielsweise die genutzten Formulierungen in eine Suchmaschine eingeben.

Wenn es Ihnen gelungen ist, die Ransomware zu identifizieren, dann finden Sie oft an der entsprechenden Fundstelle im Internet wertvolle Hinweise.

→ Runterfahren ja oder nein?

Durch Ihre Recherche können Sie erfahren, ob Sie den Computer herunterfahren oder weiterlaufen lassen sollen. Teilweise erfolgt die Verschlüsselung erst nach einem Neustart Ihres Rechners. In anderen Fällen sollten Sie den Rechner schnellstmöglich herunterfahren, um die Ausbreitung zu vermeiden.

Die Ransomware kostenlos loswerden?

Kostenlos ist heutzutage wenig . Sie werden auf jeden Fall mit Arbeitszeit bezahlen, wenn Sie die Ransomware loswerden wollen. Aber Geld oder Bitcoins müssen Sie oft nicht investieren. Die Seite No More Ransom (nomoreransom.org) hat es sich zum Ziel gemacht, möglichst viele Ransomwares zu erkennen und Benutzer zu unterstützen, ihre Dateien wieder zu entschlüsseln.

Das allerdings ist noch nicht der letzte Schritt: Eine Ransomware ist wie jede andere Malware eine Schadsoftware, die auf Ihrem Rechner läuft und entfernt werden muss. Das lässt sich in den meisten Fällen durch Antivirensoftware erledigen: Es dauert meist nicht lange, bis eine neue Ransomware den gängigen Antivirenprogrammen bekannt ist. Sie schützt dann vor Neuinfektion, aber sie hilft auch dabei, die Infektion zu beseitigen.

Falls Ihr Antivirenprogramm nicht helfen kann, empfiehlt sich die komplette Neuinstallation des Rechners, ausgehend von schreibgeschützten Installationsmedien wie DVDs oder Downloads von den Herstellerseiten.

Wenn sonst nichts hilft: Daten aufgeben oder doch zahlen?

Auf diese Frage lässt sich keine pauschale Antwort finden. Auf der einen Seite sind Ihre Daten oft einzigartig und unwiederbringlich. Wenn nichts mehr hilft, dann verleitet das vielleicht dazu, den Erpressern doch die geforderte Summe zu überweisen. Das allerdings ist kein Garant dafür, dass Sie Ihre Daten tatsächlich zurückbekommen. Empfohlen wird das von den Behörden natürlich nicht. Eine Anzeige bei der Polizei sollten Sie auf jeden Fall erstatten. Da die Täter meist im fernen Ausland sitzen, ist das zwar nur ein formaler Akt, aber schaden kann es nicht.

Phishing – perfekte Fälschung

Viele Menschen gehen davon aus, dass die größte Gefahr für ihre Daten von Malware ausgeht. Das ist nachvollziehbar, hört und liest man doch immer wieder von neuen Viren, die großen Schaden verursacht haben. So ärgerlich das ist, so vermeintlich sicher fühlen sich viele Anwender. Gegen Viren gibt es Schutz, der immer besser wird (siehe Seite 128). Technik gegen Technik, das ist ein einfaches Modell. Viel schwerer zu akzeptieren ist es, dass Sie eventuell selbst dazu beitragen, dass jemand Ihnen Dateien oder Informationen entwendet. Tatsache ist: Manchmal entscheidet ein einziger Klick an der falschen Stelle über Datenverlust oder Sicherheit. Grund dafür ist eine kriminelle Methode, die als „Phishing" bezeichnet wird.

Wie Kriminelle angeln

Der Begriff des Phishings geht auf das englische Wort für Angeln („fishing") zurück, wobei in der Hackerschreibweise ein F durch ein

Ph ersetzt wird. Und das Bild des Angelns ist tatsächlich sehr passend: Beim Phishing versuchen die Angreifer, Sie dazu zu bekommen, Informationen über sich preiszugeben, die sie dann benutzen können, um sich für Sie auszugeben. Banking, Onlineshops, Versicherungen, kein (Benutzer-)Konto ist dann mehr sicher.

→ Der Enkeltrick – das analoge Pendant

„Phishing" geht auch analog: Beim Enkeltrick geben sich Fremde am Telefon als Enkel in Not aus und ergaunern Geld und Zugriff auf Bankkonten, Schließfächer et cetera. Durch den technischen Fortschritt wird diese Masche noch gefährlicher, da künstliche Intelligenz mittlerweile in der Lage ist, Stimmen – etwa die der echten Enkel – täuschend echt zu imitieren.

Beim Phishing in der digitalen Welt bekommen Sie meist eine Nachricht, zum Beispiel per E-Mail oder auch per WhatsApp, iMessage oder SMS. Diese Nachricht setzt Sie unter Druck, angeblich müssen Sie sofort reagieren. Es folgen ein paar Beispiele, wie genau das funktionieren kann.

Die Bestellbestätigung

Eines Tages flattert die Bestellbestätigung eines Onlinehändlers wie Amazon in Ihren Posteingang. Über einen nicht unerheblichen Betrag für ein Produkt, das Sie definitiv nicht bestellt haben. Ihre erste Reaktion? Stornieren, Passwort ändern, denn offensichtlich haben Betrüger Ihr Konto bei diesem Onlinehändler geknackt und für ihre Zwecke missbraucht. Da sich in der Bestell-E-Mail ein direkter Link zu Ihrem Kundenkonto befindet, klicken Sie darauf, gelangen zur Anmeldemaske und melden sich mit Ihren Kontodaten an. Nur: Da findet sich keine Bestellung? Das liegt daran, dass Sie sich gerade an einer täuschend echten Kopie der Händlerseite angemeldet haben. Die Ironie daran: Bisher hatte niemand Ihr Konto gehackt – erst jetzt, durch Ihr eigenes Zutun, sind Ihre Kontodaten in den Händen von Cyberkriminellen. Damit Sie dies gar nicht be-

> Aufgrund strengerer Richtlinien der Europäischen Union im Bereich Online-Banking und Sicherheit muss jeder Kunde der TargoBank die gespeicherten Daten aktualisieren und aktualisieren. Es garantiert Ihnen weiterhin ein hohes Maß an Sicherheit und dient dazu, veraltete Daten zu verhindern.
>
> um die Sicherheit im Online-Banking bis zum Update gewährleisten zu können, wird Ihr Konto für alle Transaktionen geschlossen Ihr Konto wird nach Abschluss der Aktualisierung wieder in den normalen Zustand zurückkehren.
>
> Konto wieder aktivieren
>
> Ihr Konto ist sofort nach erfolgreichem Abschluss vollständig von jeglichen Einschränkungen befreit und einsatzbereit.
>
> Mit freundlichen Grüßen,

merken, wurden Sie gleich nach Eingabe der Daten auf die Seite des echten Onlinehändlers weitergeleitet.

Das kompromittierte Konto

Ganz ähnlich funktioniert eine andere Masche, die ebenfalls darauf setzt, dass Sie in Panik geraten: Hier erhalten Sie eine Mail, die (angeblich) von Ihrer Bank oder Ihrem Kreditkarteninstitut stammt. Darin heißt es, dass Unregelmäßigkeiten auf Ihrem Konto erkannt wurden und Sie dringend nachsehen sollten, was da los ist. Oder Sie lesen, dass Ihr Konto gesperrt wurde und Sie ohne schnelles Handeln nicht mehr über Ihr Geld verfügen können. Auch hier ist wieder ein Link zur Webseite enthalten, über den Sie sich direkt anmelden können. Und es wird Sie nicht wundern: Auch hier gelangen Sie auf ein Fake-Portal.

Die falschen Kontoinformationen

Sie wollen einen Netflix-Abend mit Freunden verbringen, bekommen aber eine E-Mail, dass Ihr Abonnement abgelaufen ist? Entsprechende Nachrichten arbeiten nach dem bekannten Prinzip: Sie wollen die unangenehme Situation schnell lösen, klicken auf den Link und haben erst dann wirklich ein Problem.

Das nicht zustellbare Paket

Sehr ärgerlich: Sie erhalten die Mitteilung, dass ein Paket nicht zugestellt werden kann, etwa weil Sie Gebühren nicht bezahlt haben. Das Paket soll aus diesem Grund zurückgeschickt oder sogar vernichtet werden. Enge Fristen, Sie müssen schnell reagieren. Dabei vergessen Sie eventuell sogar, dass Sie eigentlich gar nichts über diesen Paketdienst, der Ihnen da per WhatsApp, E-Mail oder SMS schreibt, bestellt haben. Oft werden Sie aufgefordert, die Gebühren (meist im kleinen zweistelligen Eurobereich) zu entrichten, was Sie schnell erledigen wollen. Sie klicken also auf den Link und gelangen einmal mehr auf eine Webseite, die Ihre Daten abgreift.

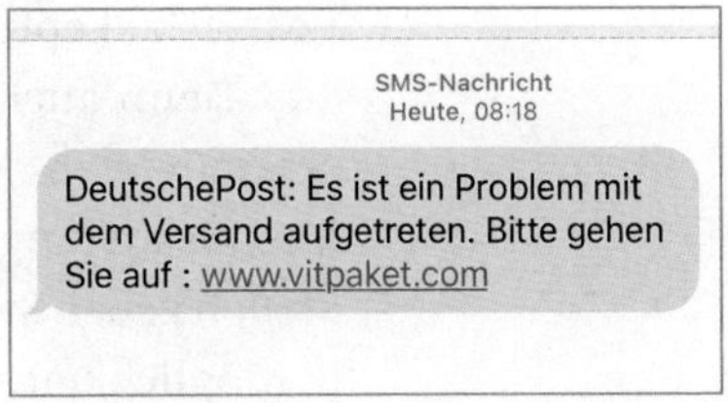

Der freundliche Anrufer

Analoge und digitale Methoden lassen sich kombinieren: Es kann sein, dass ein angeblicher Servicemitarbeiter von Microsoft bei Ihnen anruft und behauptet, man hätte auf Ihrem Rechner Malware entdeckt oder einen Defekt bemerkt, und er möchte Ihnen nun helfen, das Problem zu lösen. Der Mitarbeiter leitet Sie auf eine Webseite, über die Sie ihm mithilfe einer Fernwartungssoftware Zugang zum Rechner geben sollen. Irgendwann in diesem Prozess fordert er Sie auf, die Zugangsdaten zu Ihrem Rechner oder dem Microsoft-Konto einzugeben. Wenn Sie das tun, dann hat die Falle zugeschnappt.

→ Was machen die Kriminellen mit den Daten?

Hat der Angreifer Ihre Zugangsdaten, schließt er Sie durch Änderung des Passwortes von Ihrem Rechner aus, um Sie zu erpressen. Es kann aber auch sein, dass er heimlich Schadsoftware einschleust, die ihm die Fernsteuerung des Rechners und den Zugriff auf weitere Daten erlaubt. Oder er nutzt die Zugangsdaten, um das Microsoft-Konto und alle Dienste und Daten darin zu übernehmen.

Phishing über das Handy

Viele der vorherigen Beispiele funktionieren klassischerweise per E-Mail, und die meisten E-Mail-Nutzer haben auch schon Bekanntschaft mit dubiosen Mails gemacht. Lediglich beim Blick ins E-Mail-

Postfach skeptisch zu sein, reicht jedoch heutzutage nicht mehr aus. Denn auch Ihre Handynummer ist mittlerweile vermutlich schon vielen Menschen bekannt. Bei Preisausschreiben, (Online-)Bestellungen, in sozialen Netzwerken und an vielen anderen Stellen geben Sie sie freiwillig an. Cyberkriminelle haben daher viele Möglichkeiten, die Nummer zu bekommen und zu missbrauchen. Daher müssen Sie auch damit rechnen, über Kanäle wie WhatsApp, iMessage und SMS Phishing-Nachrichten zu erhalten.

Überprüfen Sie den Absender

Überprüfen Sie bei jeder E-Mail mit Links oder Anhängen, ob Sie den Absender der E-Mail kennen, und seien Sie bei unbekannten Absendern besonders skeptisch. Bei vielen Phishing-Mails passen zudem der Absendername und die Absender-E-Mail-Adresse nicht zusammen: Rubeus Hagrid als Name und rufus.hegrid2942@outlook.com als E-Mail-Adresse weisen schon eine auffällige Abweichung voneinander auf.

Bewegen Sie Ihre Maus über den Link in der E-Mail, bevor Sie daraufklicken. Browser oder E-Mail-Programm zeigen Ihnen dann die tatsächliche Internetadresse des Links an. Oft ähnelt die Adresse der eines echten Dienstes oder Händlers, aber es gibt Abweichungen: Die URL „one-drive.com“ scheint zu Microsofts Clouddienst Onedrive zu gehören. Dieser hat allerdings die URL „onedrive.com“. Wie die korrekte URL aussieht, finden Sie heraus, indem Sie den entsprechenden Dienst über Ihre Suchmaschine suchen.

→ Im Zweifel besser nachfragen

Selbst wenn die E-Mail-Adresse korrekt zu sein scheint: Bevor Sie einen Anhang öffnen, überlegen Sie sich, ob Sie diesen überhaupt erwarten. Wenn nicht, dann kann es sinnvoll sein, zunächst beim Absender nachzufragen, ob er diese Mail tatsächlich verschickt hat und worum es dabei geht.

Niemals den Link nutzen!

Standard beim Phishing: Sie bekommen gleich einen Link geliefert, über den Sie das angebliche Problem lösen oder das verlockende Angebot nutzen können. Sie haben nun wie eben beschrieben die Möglichkeit, die Adresse des Links zu kontrollieren und nach Unterschieden zu suchen. Doch diese Unterschiede sind oft so winzig, dass sie schnell übersehen werden, etwa wenn lediglich ein Bindestrich durch einen Punkt ersetzt wird.
Auf der sicheren Seite sind Sie, wenn Sie einen solchen Link niemals nutzen, sondern immer über den Browser durch die manuelle Eingabe der Internetadresse die Webseite des (angeblichen) Anbieters aufrufen. So können Sie sicher sein, dass Sie zur echten Website des Anbieters gelangen. Und sollte die Nachricht doch echt gewesen sein, werden Sie entsprechende Hinweise in Ihrem Konto finden und können dort auf das Problem reagieren.

→ Schon geklickt?

Sollten Sie bereits auf den Link geklickt haben, dann haben Sie noch einmal Gelegenheit, die Adresse zu kontrollieren. Doch auch wenn Ihnen nichts auffallen sollte, ist es sicherer, diese Seite wieder zu verlassen und den eben beschriebenen Umweg zu gehen.

Phishing-Erkennung trainieren

Phishing ist nicht eine einzige Masche, sondern eine Kombination aus vielen unterschiedlichen Betrugsversuchen. Viele davon können Sie gut erkennen. Je mehr Erfahrung Sie haben, desto einfacher und schneller geht das, man kann das sogar gezielt trainieren:

- **Google Jigsaw Phishing Quiz:** Google ist selbst Opfer von Phishing-Attacken: Viele der betrügerischen Webseiten täuschen vor, von Google zu sein. Und dass Phishing-Seiten in den Ergebnissen einer Google-Suche auftauchen, ist auch keine wünschenswerte Situation! Unter phishingquiz.withgoogle.com finden Sie das

Info

Konto gehackt? Passwort ändern! In vielen Fällen wird Ihnen vorgegaukelt, Ihr Konto sei gehackt worden, ein Angreifer habe durch ein kompromittiertes Passwort Zugriff erhalten. Selbst wenn das nicht der Wahrheit entspricht, ist dies ein guter Anlass, Ihr Passwort des Dienstes einmal zu ändern und wenn möglich auf Zwei-Faktor-Authentifizierung umzustellen (siehe Seiten 92, 105). Klar: Auch hierzu niemals den Link aus einer Nachricht nutzen, sondern direkt auf die Seite des Dienstes gehen!

Phishing-Quiz von Google. Geben Sie Ihren Namen und Ihre E-Mail-Adresse ein (diese werden natürlich nicht missbraucht!), klicken Sie sich durch die Beispiel-E-Mails und versuchen Sie herauszufinden, welche echt sind und welche nicht.

- **Die Seiten des BSI:** Das Bundesamt für Sicherheit in der Informationstechnik, kurz BSI, ist die Behörde, die sich intensiv mit Sicherheitslücken und der Aufklärung der Bürger beschäftigt. Das betrifft auch das Thema Phishing. Hierzu ein Link: bsi.bund.de (Suchstichworte: „Spam, Phishing & Co“). Dort finden Sie viele, immer wieder aktualisierte Informationen.

Sonderfall Fake-Shops

Der Einzelhandel ist massiv unter Druck: Mehr und mehr Käufer verlegen Ihren Einkauf ins Internet. Dank PayPal und anderen Zahlungsdienstleistern findet der Kauf nicht mehr nur in Deutschland statt, sondern in den unterschiedlichsten Ländern der Welt. Der Zahlungs- und Versandprozess unterscheidet sich kaum noch von dem in heimischen Shops. Zudem locken im Ausland oft besonders günstige Preise – ein weiteres, großes Einfallstor für eine weitere Kategorie von Phishing und Betrug.

Fake-Shops nutzen aus, dass wir daran gewöhnt sind, Dinge immer günstiger zu bekommen und an jeder Ecke des Internets nach Schnäppchen zu schauen. Hier kommen die sozialen Netzwerke ins Spiel: Sie sehen bei Facebook eine Anzeige für ein Gerät, das Sie schon immer haben wollten. Supergünstig, weit unter dem Ladenpreis, nur noch wenige Exemplare da! Aber: Ein Angebot, das zu gut scheint, um wahr zu sein, ist meist leider auch keins.

→ Geld- und Datenklau in einem

Im besseren der beiden möglichen Fälle verlieren Sie „nur" Ihr Geld, weil die Ware nicht kommt oder überhaupt nicht dem entspricht, was die Webseite angepriesen hat. Im schlimmeren Fall greifen die Kriminellen auch noch Ihre Zugangsdaten zu PayPal oder einem anderen Zahlungsdienstleister ab, weil die Zahlseite eine Phishing-Seite war.

Auch hier können Sie durch genaue Prüfung der Webseite im Vorfeld einen guten Eindruck über deren Verlässlichkeit bekommen:

- **Webseite echt?** Oft werden vor allem Luxusgüter auf nachgebauten Webseiten angeboten. Deren Internetadressen sind den Originalen sehr ähnlich, aber eben nicht identisch. Wenn Sie meinen, bei Apple zu kaufen, rufen Sie die echte Webseite auf und vergleichen Angebote und Adresse. Kennen Sie nur das Produkt, starten Sie eine Websuche nach dem Namen. Bei Fake-Seiten stellen Sie schnell fest, dass diese einer echten Händlerseite ähneln, aber einen deutlich niedrigeren Preis bieten. Die zum Verkauf gebotenen Waren sind dem Original dann aber überhaupt nicht ähnlich.
- **Zahlungsmethoden seriös?** Internetshops, die etwas auf sich halten, verwenden bekannte und sichere Zahlungsanbieter wie PayPal, Klarna und andere. Wenn eine Webseite nur unbekannte Zahlungsmethoden anbietet oder die Zahlung über die vertrauenswürdigen Anbieter fehlschlägt, sodass nur die Vorabüberweisung übrig bleibt, dann lassen Sie besser die Finger davon!

► **Unendlich viele glückliche Kunden?** Kundenbewertungen sind wichtig, damit Sie einen Shop oder ein Produkt beurteilen können. Bei Fake-Shops ist es meist zu viel des Guten. Hunderte, gar Tausende positive Bewertungen, mit fast identischem Wortlaut. Das riecht nach gekauften Bewertungen. Und wer so handelt, der bekommt auf ehrlichem Wege offensichtlich keine guten.

Die Zeit und andere Katastrophen

Sie haben erfahren, wie Malware und ausgeklügelte Betrugsmaschen die digitale Welt unsicher machen. Neben diesen Risiken sollten Sie viel naheliegendere Gefahren für Ihre Daten nicht unterschätzen: Verlust, Defekt oder Diebstahl Ihres Geräts.

Verlust und Diebstahl

Gar nicht so unwahrscheinlich: Sie haben einen USB-Stick mit wichtigen Daten, und der fällt Ihnen aus der Tasche, rutscht aus der Hand in den Gully oder Sie verlegen ihn einfach. Oder noch schlimmer: Die ganze Tasche ist plötzlich weg! Dieses Risiko betrifft natürlich nicht nur kleine USB-Sticks. Auch ein Laptop, der Sie auf Ihren Reisen begleitet, ist kaum ein sicherer Ort für Ihre Daten.
Doch auch wenn Sie nicht mit Ihren Daten unterwegs sind, Wohnungseinbrüche gibt es immer wieder. Dabei wird oft willkürlich entwendet, was nicht niet- und nagelfest ist: Ihr PC, Ihre Festplatten, USB-Sticks – alles, was Ihre Daten enthält. Selbst wenn die Einbrecher es gar nicht auf Ihre Daten abgesehen haben und diese nicht nutzen, allein der Verlust wiegt ohne Backup schon schwer.

Feuer, Flut und Kaffee

Naturereignisse wie Starkregen, Flut oder Feuer durch Hitze treten immer häufiger auf. Und es reicht schon ein überquellender Abfluss bei großen Regenmengen, der das Arbeitszimmer im Keller kurz unter Wasser setzt: Der PC oder die externe Festplatte „ertrinkt“ quasi, und Ihre Daten sind zerstört. Auch die Hitze eines Gebäudebrands zerstört jede Hardware unwiederbringlich.
Doch es müssen gar nicht die großen Katastrophen sein, für Ihre Daten sind auch die ganz alltäglichen Unfälle eine ernst zu nehmende Gefahr: Da ist der Laptop, der Ihnen im Treppenhaus herunterfällt, die Tasse Kaffee, die in einem ungünstigen Winkel auf den Rechner kippt, oder das experimentierfreudige Kleinkind, das das Smartphone einmal gründlich badet. In all diesen Fällen ist, wenn Sie Pech haben, nicht nur das Gerät kaputt, sondern auch die dort gespeicherten Daten sind verloren.

Technik ist nicht für die Ewigkeit

Sie können alle erdenklichen Schutzmaßnahmen ergreifen, ein Risiko bleibt: das Versagen der Technik. Laptop, PC oder Smartphone gehen irgendwann einmal kaputt, daran haben Sie sich gewöhnt. Aber auch Ihre Sicherungsdatenträger sind nicht für die Ewigkeit gemacht. Besonders dann nicht, wenn sie ungenutzt im Schrank oder im Safe liegen. Mehr dazu finden Sie auf Seite 149.

Backups sind ein Muss!

Gerät futsch – Daten weg? Das muss natürlich nicht sein. In all den hier beschriebenen Fällen sind Ihre Daten geschützt, wenn Sie eine gute Backup-Strategie haben, bei der Ihre Daten zusätzlich an einem anderen Ort gespeichert sind. Wie genau das gelingt, erfahren Sie ab Seite 145.

Risikobewusstes Verhalten im Alltag

Sie haben Daten. Endlos viele Daten. Einerseits sind das Daten, die Sie selbst erzeugt haben, indem Sie Inhalte eingegeben, in Form gebracht und dann abgespeichert haben. Andererseits gibt es noch weitere Daten, die viel über Sie aussagen, die in Shops, in sozialen Netzwerken und an ganz vielen anderen Stellen über Sie angefallen sind. All diese Daten sollen sicher sein. Durch Ihr eigenes Verhalten können Sie viel dazu beitragen.

Die drei Grundprinzipien

Sicherheit bedeutet: Ihre Daten sollen weder beschädigt noch verändert sein. Sie wollen außerdem immer Zugriff darauf haben, egal was passiert. Nicht zuletzt bedeutet Sicherheit, dass niemand Zugriff auf Ihre Daten haben sollte, der keine Berechtigung hat. Allgemein unterscheidet man daher drei Schutzziele:

- **Vertraulichkeit:** Für Ihre Dateien und sämtliche Ihrer Konto- und sonstigen vertraulichen Daten gilt: Nur Befugte sollen und dürfen Zugriff haben. Der Weg zum Ziel: Zugänge durch Passwörter schützen, darauf achten, wie und wo Sie Informationen herausgeben, Ihre Internetverbindung und Speichermedien verschlüsseln ...
- **Verfügbarkeit:** Diese setzt einen Schritt vorher an: Daten müssen überhaupt zugreifbar sein. Eine gelöschte Datei ist vor falschen Zugriffen sicher, doch wenn Sie selbst nicht mehr darauf zugreifen können, bringt Ihnen das nichts. Die Verfügbarkeit können Sie durch Backups – gern an unterschiedlichen Orten – sicherstellen. Kontrollieren Sie sie regelmäßig und sichern Sie Zwischenstände.
- **Integrität:** Hier geht es darum, dass Ihre Daten weder gegen Ihren Willen noch unwissentlich verändert oder beschädigt werden. Sie müssen sich darauf verlassen können, dass Ihre Dateien genau Ihren Vorgaben entsprechen; die „Korrektheit" steht im Fokus.

Alle drei Ziele im Blick behalten

Die Verletzung der ersten beiden Schutzziele ist verhältnismäßig markant: Verschwundene Dateien, verlorene Zugangsdaten oder Speichermedien oder der Fremdzugang in Ihrem Namen fallen meist relativ schnell auf. Hier können Sie schnell Gegenmaßnahmen einleiten und zum Beispiel die Passwörter ändern (siehe ab Seiten 88 und 101). Was aber, wenn in Ihren Daten eine Änderung vorgenommen wurde und Sie diese nicht bemerken?

→ Besonders gefährlich: Verletzungen der Integrität

Beispiele für Integritätsverletzungen sind etwa eine Statistik, die durch absichtlich veränderte Daten eine falsche Aussage enthält, oder eine falsche Temperatur oder Drehzahl in einem Programm einer Maschine. Gravierende Auswirkungen, die sich kaum verhindern lassen, wenn die Verletzung der Integrität unbemerkt bleibt, sind leicht vorstellbar.

Der Vorteil: Viele Maßnahmen, die Sie ergreifen können und sollten, dienen gleich mehreren Sicherheitszielen. So schützen Sie die Integrität Ihrer Daten schon dadurch, dass Sie deren Vertraulichkeit sicherstellen. Denn wer gar nicht erst auf Ihre Daten zugreifen kann, der kann diese auch nicht ohne Ihr Wissen manipulieren.

Vertraulichkeit schützen

Der Mensch ist neugierig, von Natur aus. Das gilt erst recht für Cyberkriminelle. Die wollen so viele Informationen wie möglich bekommen, um sie zu verkaufen, per KI analysieren zu lassen und ein möglichst genaues Bild von Ihnen zu zeichnen ... Für Sie bedeutet das, dass Sie sowohl die Verbindung zu Ihren Daten als auch die Dateien selbst vor unberechtigtem Zugriff schützen.

Eines der großen Einfallstore für Angriffe auf Ihre Daten ist Ihre Internetverbindung. Zum einen befinden Sie sich kontinuierlich mit Ihrem Rechner im Internet, wo sich allerlei Cyber-Ungeziefer tummelt. Zum anderen übertragen Sie über die Internetleitung und über die Verbindung, die Ihr Rechner zum Internetzugangspunkt hat, stets Daten von Ihrem Rechner ins Internet und zurück.

→ Risiko WLan-Verbindung

Die erste Etappe auf dem Weg ins Internet ist die zum Router. Dies geschieht meist per WLan, nur selten über ein – relativ sicheres – Kabel. Eine WLan-Verbindung ist eine Funkverbindung, die prinzipiell abgehört werden kann. Vor allem wenn Sie sich nicht in Ihrem sicheren privaten Umfeld aufhalten (siehe Seite 87), sollten Sie vorsichtig sein.

WLan verschlüsseln

WLans sind prädestiniert dafür, missbraucht zu werden, da sich damit fast alle Ihre Daten ausspähen lassen. Dieses Problem bekommen Sie in den Griff, indem Sie Ihr WLan verschlüsseln. Die Verschlüsselung ist eine Funktion, die alle Router im Standard anbieten (siehe Seite 108). Sind Sie allerdings unterwegs und nutzen fremde WLan-Verbindungen, ist das nicht mehr ganz so einfach.

Vorsicht bei freien WLans

Vorsichtig sein sollten Sie immer dann, wenn Sie nicht selbst Herr oder Herrin der Hardware sind, sondern ein fremdes WLan nutzen müssen. So manches „Free WLan“, das Ihnen in Cafés oder in öffentlichen Netzen begegnet, will eher die von Ihnen übertragenen Daten erschnüffeln, statt Ihnen einen echten Service zu bieten. Überlegen Sie also, welche Daten Sie übertragen, wenn Sie in einem solchen WLan online sind. Beispielsweise sollten Sie nur auf solchen Internetseiten Ihre Kon-

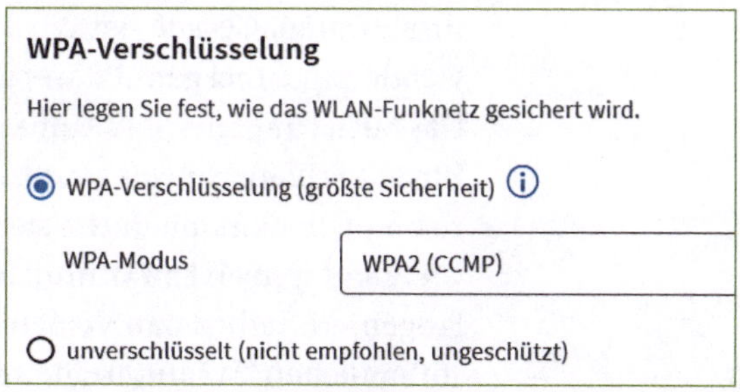

todaten und Kennwörter eingeben, die SSL-verschlüsselt sind. Das erkennen Sie daran, dass die Adresse der Webseite mit https:// (statt mit http://) beginnt.

→ Ist die Internetseite verschlüsselt?

So verschaffen Sie sich einen Eindruck von der Sicherheit einer Internetseite: Klicken Sie auf das Schlosssymbol neben der Internetadresse im Browser. Nun werden Ihnen Informationen über die Vertrauenswürdigkeit der Seite angezeigt.

Mehr Sicherheit durch VPN-Verbindung

Freies WLan ist nicht gleich freies WLan. Es macht natürlich einen Unterschied, ob Ihnen an einem öffentlichen Platz ein freies WLan unbekannten Ursprungs angezeigt wird – dieses sollten Sie am besten gar nicht nutzen –, oder ob Sie sich in einem Hotel einer bekannten Kette, in der Stadtbibliothek oder in Ihrem Lieblingsrestaurant befinden und dort einen WLan-Zugang angeboten bekommen. In diesen Fällen brauchen Sie relativ sicher keine bösen Absichten unterstellen.

Doch selbst wenn der Anbieter grundsätzlich vertrauenswürdig ist, können Sie nicht ausschließen, dass dieser nicht selbst ausspioniert wird. Ein verschlüsseltes WLan ist nur so sicher, wie der Schlüssel geheim ist. Kann jemand diesen Schlüssel erahnen oder stehlen und in dieses WLan gelangen, ist er einen Schritt näher an Ihren Daten. Gerade bei WLans, die von vielen wechselnden Anwendern parallel genutzt werden, ist das nicht unwahrscheinlich.

Das Mittel dagegen: der Aufbau einer VPN-Verbindung. Ein solches Virtual Private Network baut innerhalb des WLans eine Art „Tunnel" auf, in dem die Daten sicher verschlüsselt werden. Wenn ein Unbefugter ins WLan kommt, benötigt er, um an Ihre Daten zu gelangen, zusätzlich den Verschlüsselungscode des VPNs. Gerade in „öffentlichen" WLans, bei denen der WLan-Schlüssel kein Geheimnis ist, können Sie mit einem VPN eine zusätzliche Sicherheitsebene einfügen, die Sie allein kontrollieren (siehe Seite 115).

Daten verschlüsseln

Die Internetverbindung zu verschlüsseln, ist ein erster Schritt. Allerdings schützt das Ihre Daten nur während des Transports. Wenn diese auf einer Festplatte, einem Cloud-Server oder einem USB-Stick gespeichert lagern, sind Sie dort frei zugänglich für jeden, der Zugriff auf diesen Datenträger hat. Wenn Sie das ändern wollen, müssen Sie die Daten separat verschlüsseln. Das sorgt dafür, dass ein möglicher Dieb oder Finder mit diesen Daten nichts anfangen kann, solange er den Schlüssel nicht kennt (siehe Seite 132).

Soziale Netzwerke: keine Freunde der Vertraulichkeit

Die Diskussionen um Datenschutzgesetze und Datenpannen haben uns sehr sensibel werden lassen, wenn es um die Vertraulichkeit von Daten geht. Jeder, der Ihre Daten verarbeitet, soll dies nur zu dem vorgegebenen Zweck tun und die Daten nicht weitergeben. Im Gegensatz dazu steht das Grundprinzip der sozialen Netzwerke: Sie teilen der ganzen Welt mit, was Sie gerade tun. Was leicht dazu führen kann, dass Fremde sich ein recht genaues Bild von Ihnen, Ihren Vorlieben und Lebensumständen machen können. Das lässt sich von Cyberkriminellen schnell ausnutzen, etwa um Ihre Identität zu stehlen, sich also als Sie auszugeben. Für Sie bedeutet das: Überlegen Sie, bevor Sie etwas teilen, besser zweimal, was ein Unbefugter damit anfangen könnte. Und definieren Sie immer vorher genau

den Kreis derjenigen, die Ihre Beiträge sehen dürfen. Dazu gibt es in allen sozialen Netzwerken die sogenannten Privatsphäre-Einstellungen. Diese sollten Sie unbedingt nutzen, um die Vertraulichkeit Ihrer Informationen sicherzustellen.

Echte Fakten nur echten Freunden

Social Engineering ist eine der großen Plagen unserer Zeit. Kriminelle haben nicht zuletzt dank der sozialen Netzwerke viel mehr Möglichkeiten, auch eigentlich skeptische, vorsichtige Zeitgenossinnen und -genossen zur Preisgabe sensibler Daten zu bewegen. So waren beispielsweise Prominente früher so unerreichbar, dass wir niemals gedacht hätten, als Normalsterbliche jemals mit ihnen in Kontakt zu kommen. Durch Instagram, Facebook, X (vormals Twitter) und Co sind uns Prominente so nah, dass wir scheinbar unmittelbar an ihrem Leben teilhaben können. Das öffnet Betrügern Tür und Tor. Schreibt Sie ein Prominenter an, dem Sie folgen, erscheint Ihnen das gar nicht mehr abwegig. Ein solch vorgeblicher Austausch mit einem vermeintlichen Prominenten hat schon oft dazu geführt, dass privateste Daten offenbart und missbraucht wurden.

Achtung Fragespielchen

Sie kennen das sicherlich: Sie scrollen durch Ihre Facebook-Timeline und finden eine Menge lustiger Fragespielchen. „Was war der Name deines ersten Haustieres?" oder „Welches Auto hast du als Erstes gefahren?". Was unterhaltsam scheint, ist es leider nicht. Solche Aktionen werden nur aus einem einzigen Grund veranstaltet: um Daten zu sammeln. Dabei kann es um vergleichsweise harmlose Wörterlisten gehen, die beim Knacken vom Konto-Passwörtern verwendet werden. Im schlimmsten Fall stehen dahinter gezielte Versuche, Konten zu knacken. Ist Ihnen schon aufgefallen, dass diese Fragen oft den Fragen ähneln, die als Sicherheitsfrage zur Wiederherstellung von Konten dienen?

Vorsicht bei mobiler Arbeit – beruflich oder privat

Setzen Sie sich in einen Zug, lehnen Sie sich zurück und lauschen den Telefongesprächen, die da laut durch den Waggon tönen. Schauen Sie sich um und beobachten Sie die offenen Notebooks mit Excel-Tabellen, PowerPoint-Präsentationen. Jede Wette: Am Ende der Reise wissen Sie ganz genau, in welche Fonds Sie investieren sollten und in welche nicht.

Im Gegensatz zum Social Engineering fließen im eben beschriebenen Fall nur Informationen ab, die freiwillig gegeben werden. Wenn Sie nun der Meinung sind, dass Sie das nicht betrifft, etwa weil Ihr Beruf mobiles Arbeiten ausschließt, dann stellen Sie sich folgende Situation vor: Sie rufen unterwegs einen Onlinehändler an, um eine Bestellung zu reklamieren – vielleicht weil Sie das Problem eben erst bemerkt haben oder weil Sie eine lange Zugfahrt nutzen möchten, um ein paar To-dos von Ihrer Liste zu streichen. Ein zufälliger Mithörer erfährt eine ganze Menge: Er kann aus dem Gespräch schließen, bei welchem Händler Sie ein Konto haben und sich gegenüber dem Kundenservice fortan als Sie ausgeben.

Schutz durch Technik

Über die gesunde Skepsis hinaus bedarf es auch der einen oder anderen technischen Einstellung. Am Ende steht eine Kombination aller Maßnahmen, die Ihnen den besten Schutz liefert.

- **Updates sind ein Muss:** Systeme, Programme, selbst die Hardware wie Ihr Router, Ihr Smartphone und andere Geräte im heimischen Netzwerk lassen sich aktualisieren. Diese Updates sorgen zwar auch für neue Funktionen, vor allem aber schließen sie bekannte Sicherheitslücken. Schalten Sie also bei all Ihren Geräten die automatischen Updates ein (siehe Seite 126).

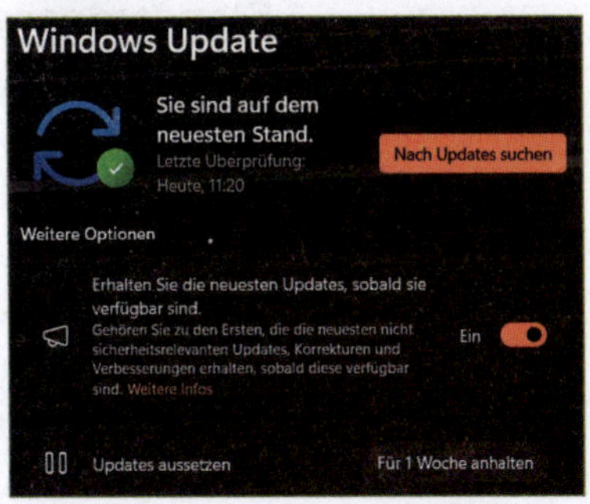

- **Privatsphäre-Einstellungen nutzen:** Ob Browser, E-Mail-Programm, soziales Netzwerk –

so gut wie alle Programme und Dienste bieten die Anpassung der Privatsphäre-Einstellungen an. Wer kann welche Daten sehen? Was bleibt an Spuren auf Ihrem Rechner zurück? Wie genau Sie diese Einstellungen vornehmen, ist je nach Dienst oder Programm unterschiedlich, doch zumindest bei den bekannten Plattformen sind diese Einstellungen relativ verständlich und übersichtlich gestaltet. Viele Tipps zu diesem Thema können Sie außerdem in unserem Buch „Spurlos im Internet“ nachlesen.

Passwörter: Trügerischer Schutz

Zum kleinen Einmaleins der Datensicherheit gehören Passwörter: Selbstverständlich sind Ihre Konten passwortgeschützt! Vielleicht fühlen Sie sich deshalb sicher. Diese Einschätzung war einmal richtig, aber das ist leider schon viele Jahre her. Durch die technischen Möglichkeiten, die Cyberkriminellen mittlerweile zur Verfügung stehen, ist ein Passwort nur noch eine von mehreren Schutzschichten. Und schon beim Passwort gibt es einiges zu beachten.

Standardpasswörter ändern

Im Netzwerk befindliche Geräte verfügen in der Regel über eine Weboberfläche, in der Sie Einstellungen vornehmen können. Diese wird immer mit einem Standardpasswort gesichert, das entweder im Handbuch steht (für alle Exemplare dieses Geräts identisch) oder auf dem Typenaufkleber an der Hardware. In jedem Fall gilt: Ein solches Passwort sollten Sie umgehend ändern. Andernfalls machen Sie es Krimi-

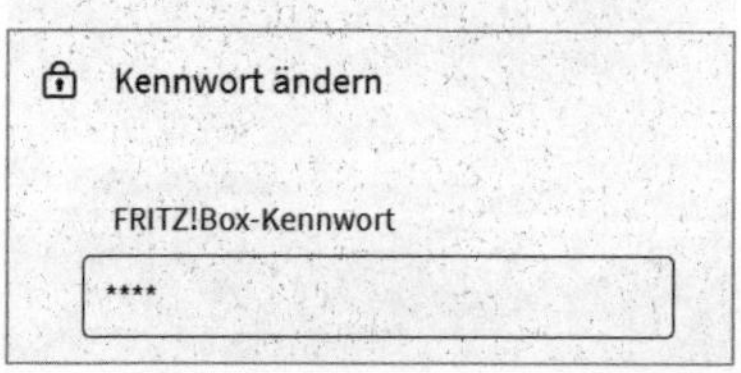

nellen wirklich sehr leicht: Da das Standardpasswort für alle Geräte eines Modells gleich ist, kann jeder sie im Internet finden, darauf zugreifen und sie übernehmen.

Separate Passwörter statt Masterpasswort

Aus Gründen der Bequemlichkeit liegt nichts näher, als sich ein gutes Passwort auszudenken und dieses für verschiedene Konten zu nutzen – vergleichbar mit einem Generalschlüssel. Der Schlüsselbund wird kleiner, lässt sich komfortabler mitnehmen, keine ständige Suche nach dem richtigen Schlüssel. Mit dem Verlust des Generalschlüssels sind potenziell allerdings sämtliche Türen gefährdet! Übertragen auf die Passwörter: Sämtliche Zugänge zu Ihren Konten wären bei einem solchen Masterpasswort in Gefahr.

Prüfen Sie: Wurde Ihr Passwort schon geknackt?

Meist erfahren Sie von einem kompromittierten Passwort erst zu spät. Kontrollieren Sie daher regelmäßig, ob Ihre E-Mail-Adresse und zugehörige Passwörter durch ein Datenleck bekannt wurden. Dazu gibt es die Webseite haveibeenpwned.com, die die Daten der meisten Datenlecks überprüft.

1 Geben Sie Ihre E-Mail-Adresse (oder Handynummer) ein und klicken Sie auf: *pwned?*

Info

Komplexität versus Komfort bei Passwörtern

Nicht selten begegnen einem folgende Passwort-Maximen: hohe Komplexität und häufiger Wechsel. Was zunächst vernünftig klingt, birgt zugleich ein Risiko: Je komplexer und je häufiger der Wechsel, desto eher müssen Sie sich Ihre Passwörter notieren. Das bedeutet jedoch, dass die Passwörter auch außerhalb Ihres Kopfes existieren – an einem Ort, auf den Fremde eventuell zugreifen können.

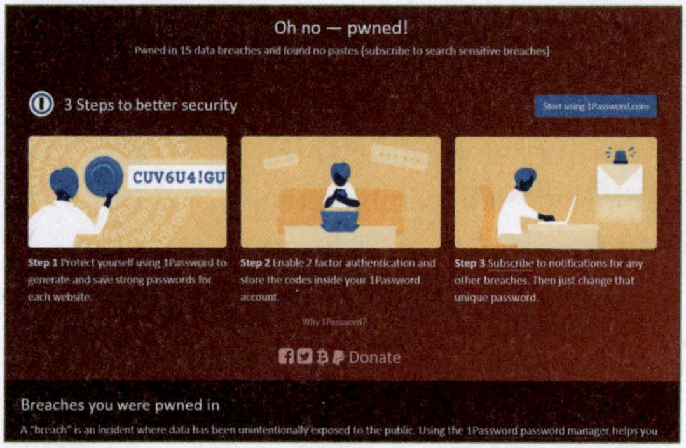

2 Wenn Sie diese E-Mail-Adresse nicht von einem bekannten Datenleck betroffen ist, dann ist die Antwortseite grün.

3 Wenn Sie betroffen sind, dann sehen Sie auf einem roten Antwortbildschirm eine Auflistung der Datenlecks und wann diese aufgetreten sind. Ändern Sie Ihre Passwörter umgehend!

Für diese Überprüfung können Sie alternativ den Browser nutzen, beispielsweise Edge. Sofern Sie eine aktuelle Version nutzen, fragt Sie Edge beim ersten Start, ob Sie Ihre Kennwörter schützen wollen. Wenn Sie dies bejahen, dann überprüft der Browser jedes Mal, wenn Sie auf einer Webseite einen Benutzernamen und ein Kennwort eingeben, ob diese Anmeldedaten bereits einem Datenleck zum Opfer gefallen sind. Aktivieren Sie diese Funktion, indem Sie auf *Kennwortschutz an* klicken. Das geht auch nachträglich:

1 Gehen Sie in Edge auf *die drei Punkte* oben rechts.
2 Wählen Sie die *Einstellungen*, dann *Profile*, dann *Kennwörter*.
3 Aktivieren Sie *Warnungen anzeigen, wenn Kennwörter in einem Onlinedatenleck gefunden werden*.

Erhalten Sie eine solche Warnung, müssen Sie nicht in Panik geraten: Dies bedeutet nicht unbedingt, dass das entsprechende Konto, gehackt wurde. In irgendeinem Leck ist allerdings tatsächlich eben diese Kombination aus Benutzername und Kennwort aufgetaucht. Sie sollten die Zugangsdaten nun umgehend ändern!

Passwortmanager verwenden

Passwörter sollten sicher sein. Hier unterscheidet das Bundesamt für Sicherheit in der Informationstechnik (BSI) zwei Strategien:

- **Langes, weniger komplexes Passwort:** Wenn Sie mindestens 25 Zeichen für das Passwort verwenden, dann reichen Groß- und Kleinbuchstaben.
- **Kurzes, komplexes Passwort:** Wenn Sie vier Zeichenarten (Groß- und Kleinbuchstaben, Ziffern, Sonderzeichen) kombinieren, dann reicht eine Passwortlänge ab 8 Zeichen.

Sie merken schon: Beide Anforderungen sind umsetzbar, aber Sie müssen ein gutes Gedächtnis haben. Bevor Sie jetzt versuchen, sich mit Klebezetteln oder Excel-Tabellen zu behelfen (und damit Ihre Passwörter unnötigen Gefahren aussetzen), nutzen Sie einen Passwortmanager. Ein Passwortmanager ist ein Programm, das wie ein Safe alle eingegebenen Passwörter sicher und verschlüsselt aufbewahrt. Das Passwort, das Ihnen Zugang zum Safe gewährt, sollten Sie allerdings ganz besonders sicher aufbewahren!

Das Masterpasswort muss sicher sein

Bei unserem letzten Passwortmanager-Test haben wir fünf Programme abgewertet, da sie zu laxe Anforderungen an das Masterpasswort stellten. Dieses sollte besonders stark sein, da es quasi der Schlüssel zum Schlüsselkasten ist. Wer es knackt, kann alle anderen Passwörter auslesen. Geben Sie sich bei diesem Passwort daher besonders viel Mühe. Ein Beispiel: „Me1n Manati m@g Mode m*t Musk3ln“.
Je länger Ihr Masterpasswort ist, desto eher können Sie etwa auf Sonderzeichen oder Großschreibung verzichten. „mein manati mag mode mit muskeln“ wäre

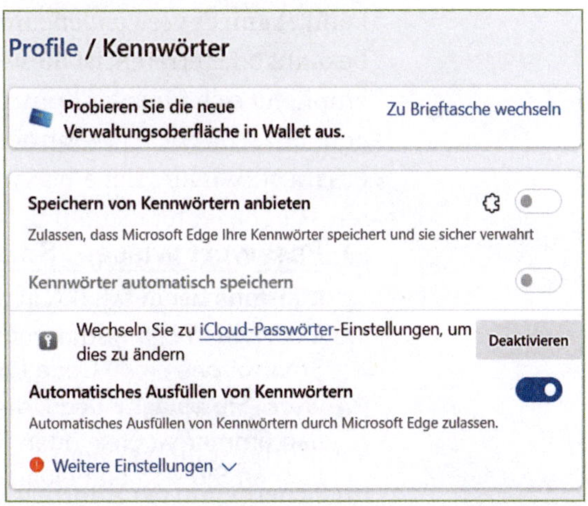

Info

Passwort-Eselsbrücken Wir merken uns Dinge einfacher, wenn wir etwas damit verbinden. Bei zufälligen Buchstaben-Ziffern-Zeichen-Kombinationen – also guten Passwörtern – ist das nicht so einfach. Ein Trick: Überlegen Sie sich einen leicht zu merkenden Satz, etwa: „Ich habe 23 tolle Artikel bei der Stiftung Warentest gelesen.“ Dann einfach die Anfangsbuchstaben nehmen (Ih23tAbdSWg) und schon haben Sie ein gutes Passwort, das nicht leicht zu erraten und trotzdem gut zu merken ist.

immer noch relativ stark. Je kürzer Ihr Masterpasswort ist, desto eher sollten Sie es mit Sonderzeichen, Ziffern und Großschreibung absichern. „M@nat1-Mode“ ist besser als „manati-mode“. Mehr zu Passwortmanagern erfahren Sie ab Seite 90.

Der zweite Faktor

Das Passwort allein bietet mittlerweile aber nicht mehr genug Schutz. Ein Passwort setzt nur auf das „Wissen“: Wer das Passwort kennt, kann es verwenden, um auf Ihre Daten zuzugreifen. Wird es bekannt oder erraten, ist dieses Wissen (ungewollt) geteilt. Deshalb empfiehlt sich für jedes Konto, das diese Möglichkeit bietet, die sogenannte Zwei-Faktor-Authentifizierung (2FA). Dabei wird das Passwort (Wissen) um einen weiteren Faktor ergänzt: den Besitz.

→ Passwort wissen, Smartphone besitzen

Meistens bedeutet 2FA in der Praxis, dass eine SMS mit einem Code an Ihr Smartphone gesendet oder in einer App am Smartphone einen Code für die Anmeldung generiert wird. Nur wenn Sie beides haben, das (statische) Passwort (Wissen) und den (immer wechselnden) Code auf dem Smartphone (Besitz), können Sie sich anmelden.

Die Zwei-Faktor-Authentifizierung erhöht die Sicherheit immens, denn wer nur Ihr Passwort errät oder ausspäht, kann damit allein noch nichts anfangen. Wo immer möglich, sollten Sie also die Zwei-Faktor-Authentifizierung aktivieren.

Verfügbarkeit und Integrität sicherstellen

Den Zugriff von Fremden auf Ihre Daten auszuschließen, ist ein wichtiger Schritt. Der nützt allein aber wenig, wenn die Daten plötzlich gar nicht mehr vorhanden sind. Vielleicht hat ein Virus sie gelöscht oder verändert. Doch kommen auch Verlust oder Beschädigung eines Gerätes vor – Situationen, die ohne externen Einfluss und ohne verbrecherische Absicht passieren können. Nicht schön, aber kaum zu vermeiden. Sorgen Sie daher vor.

Virenschutz

Man kann darüber diskutieren, ob ein Antivirenprogramm eher die Vertraulichkeit oder die Verfügbarkeit und Integrität erhöht. Am Ende ist es egal, denn sowohl gegen Fremdzugriff wie auch gegen Veränderung oder Löschung sollten Ihre Daten geschützt sein. Stellen Sie daher sicher, dass Sie ein gutes Antivirenprogramm installiert haben und es in kürzestmöglichen Abständen automatisch aktualisiert wird (siehe Seite 130).

Backups nicht vernachlässigen

Was immer Sie an Daten haben und brauchen: Sichern Sie alles! Ob es die Konfiguration eines Gerätes wie des Routers ist, die Sie schnell wiederherstellen wollen, ob es Ihre Dateien auf einer Fest-

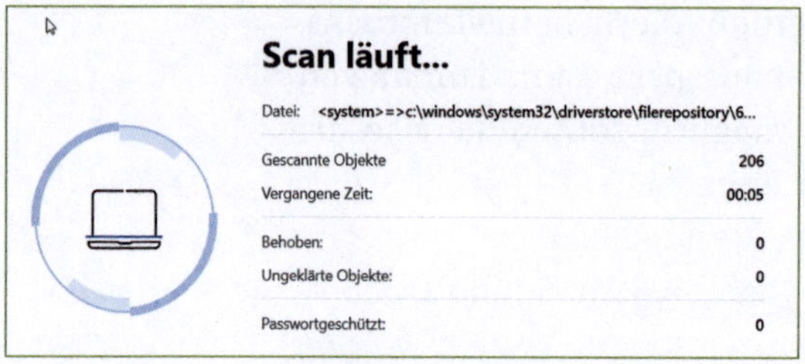

platte sind oder die eines Programmes wie beispielsweise einer Buchhaltungssoftware: Backups sind eine der wichtigsten Maßnahmen, um Ihre Daten verfügbar zu halten (siehe ab Seite 145).

Synchronisation macht es noch einfacher

Ein klassisches Backup ist der Definition nach eine Einwegsicherung: Die Daten werden vom Original- auf ein Sicherungslaufwerk kopiert. Das gibt Ihnen die Sicherheit, dass Daten im Falle eines Verlustes des Originallaufwerks noch vorhanden beziehungsweise wiederherstellbar sind. Sie können allerdings nur die Originaldatei verändern, sonst haben Sie schnell unterschiedliche Dateistände. Einfacher ist es, wenn Sie Daten zwischen all den Geräten, auf denen Sie darauf zugreifen können und müssen, live synchronisieren lassen (siehe Seite 147).

Backups regelmäßig prüfen

Mit einem Backup können Sie sich ziemlich sicher fühlen, dass Ihre Daten auch den Katastrophenfall überleben. Vorausgesetzt, dass

Info

Tracker verwenden Wenn Sie einen wichtigen Datenträger mitnehmen müssen, können Sie sich zumindest dagegen schützen, dass Sie ihn irgendwo vergessen: Tracker wie die Airtags von Apple zeichnen über ein Netzwerk anonym die Position eines Gegenstandes auf und teilen Ihnen diese auf Anfrage mit. So hat schon manch ein vergessener oder verlorener Gegenstand ohne Datenverlust wieder zu seinem rechtmäßigen Besitzer gefunden.

Sie das Backup weit genug weg vom Originalgerät aufbewahren, sodass nicht ein und dieselbe Katastrophe Original und Backup vernichtet. Nicht wenige Benutzer hatten schon ein böses Erwachen, wenn sie ihre Daten aus dem Backup wiederherstellen wollten und dabei feststellen mussten, dass das Backup defekt war. Und zwar weil es schon bei der Erstellung mit einer Fehlermeldung abgebrochen war, da die Festplatte, auf der es vor Jahren erstellt worden war, zu lange unbenutzt gelegen hat. Darum: Überprüfen Sie regelmäßig die Integrität Ihrer Backups.

→ Endstation Festplatte? Vorsicht!

Festplatten wie auch SSDs sollten nicht monate- und jahrelang unbenutzt in einem Tresor liegen, sondern immer mal wieder angeschlossen werden. Und wenn Sie es ganz sicher machen wollen: Erstellen Sie nicht nur ein Backup, sondern verwenden Sie abwechselnd verschiedene Datenträger.

Ordnung ist das halbe Leben …

… doch das Genie beherrscht das Chaos. Das alte Sprichwort mag richtig sein, jede Anwenderin hat ihre eigene Ordnung und Struktur, um Sachen abzulegen. Das lässt sich für Ihre Daten recht komfortabel mit Ordnerstrukturen auf Ihren Festplatten und USB-Sticks erreichen. Aber diese Daten wollen auch geschützt sein: Wenn Ihr Schreibtisch voller Dokumente und Datenträger ist, gegebenenfalls noch an einem offen zugänglichen Ort, dann birgt das Gefahren, dass ein Unbefugter diese liest oder eine Festplatte einsteckt. Aber auch, dass Sie sich irgendwann nicht mehr erinnern, wo Sie einen USB-Stick oder eine Rechnung hingelegt haben.

Vielleichte wäre sogar die sogenannte Clean Desk Policy etwas für Sie: Wenn Sie Ihren Arbeitsplatz verlassen, dann räumen Sie alle Unterlagen weg. Lassen Sie Ihre Datenträger nicht auf dem Tisch liegen, sondern schließen Sie sie ein oder legen sie zumindest an einen Ort, an dem Sie sie wiederfinden.

Oft vergessen: Das Internet der Dinge

Es gibt einen weiteren „Ort“, an dem sich wichtige Daten sammeln, den Ottonormalanwender in der Regel kaum im Blick hat: das Internet der Dinge (englisch „Internet of Things“, IoT): Vorbei sind die Zeiten, in denen nur der stationäre PC mit dem Internet verbunden war. Zunehmend verbinden sich auch Geräte des täglichen Lebens miteinander und mit der großen, weiten Welt. Sie formen das sogenannte „Internet der Dinge“, sammeln eifrig Daten und sichern diese oft nicht gut ab.

Die unterschätzte Gefahr

Sprachassistenten wie Alexa und der Google Assistant, Ihr Smart-TV, die Wetterstation, der Rauchmelder, die Webcam, all diese Geräte sind heutzutage vernetzt. Sie integrieren sich unauffällig in Ihr normales Lebensumfeld. Und je unauffälliger sich ein Gerät darstellt, desto unbedarfter gehen Sie damit um.

Fast jeder von uns hat irgendein Smart-Home-Gerät, viele Geräte haben einen Internetanschluss integriert, damit Updates installiert werden können. Auch das ist eine Öffnung eines Gerätes nach draußen. Was beim PC oder Smartphone, beim Router und der Netzwerkfestplatte ein beherrschbares Risiko ist, ist bei diesen Geräten potenziell kritischer:

- **Die Geräte werden vergessen:** Die Absicherung des PCs und Smartphones geschieht fast automatisch. Dass auch Alltagsgeräte wie Smart-TVs, Lautsprecher, Kaffeemaschinen oder Rauchmelder Ziele von Angriffen sein können, ist vielen gar nicht bewusst.
- **Kein offenes Betriebssystem:** Die meisten IoT-Geräte haben kein offenes Betriebssystem, auf denen Sie Schutzmaßnahmen wie Virenschutz oder eine Firewall einrichten können.

- **Sicherheit nicht im Fokus:** Die Hersteller dieser Geräte richten den Fokus oft auf die Funktionen und deren Anforderungen, nicht aber auf das Thema Sicherheit. Wo keine Erfahrung vorhanden ist, ist die Umsetzung oft hemdsärmelig und unvollständig.
- **Offene Tür für Angreifer:** Ist ein Angreifer über so ein Gerät erst einmal im System des Nutzers, hat er schnell Zugriff auf andere Geräte und die Daten darauf.
- **Angriffe werden nicht erkannt:** Angriffe fallen oft gar nicht auf (etwa, falls das Gerät gekapert und dann für den Besitzer unsichtbar in Botnetze/DDos-Attacken eingebunden wird).
- **Besonders heikle Geräte:** Auch gesundheits- oder sicherheitsrelevante Geräte sind vernetzt: Herzschrittmacher, Insulinpumpen, Türschlösser, Fensteröffner können übernommen und als Droh-/Erpressungsmittel eingesetzt werden.
- **Potenzielle Spione:** Vernetzte Kameras, Sprachassistenten, Smartwatches und mehr – all diese Geräte sind mögliche Alltagsspione, die Daten sammeln und weitergeben könnten.

Info

Vorsicht bei Fitnesstrackern Fitnesstracker sind zwar schon eher als „Datenlogger" erkennbar, das heißt als Geräte, die Daten aufnehmen – doch man vergisst sie schnell. Gegen die Datenerfassung können Sie kaum etwas tun, sonst steht schnell der Sinn des Geräts infrage. Die Hersteller bieten meist einen Dienst an, der aus Ihren Daten Empfehlungen ableitet, zum Beispiel das beste Aufbautraining. Außerdem versprechen die Anbieter Ihnen Anonymität nach außen. Die Daten werden allenfalls anonymisiert verwendet und sind nicht für die Öffentlichkeit sichtbar. Doch gerade beim Thema Gesundheitsdaten sollten Sie sich sehr bewusst sein, dass die Daten auf Geräten liegen, die weit weniger Schutz bieten als ein PC.

Ein IoT-Gerät bietet weit weniger Möglichkeiten, zusätzliche Software zu installieren oder diejenigen Sicherheitseinstellungen vorzunehmen, die bei PCs vollkommen normal sind. Das heißt aber nicht, dass Sie nichts unternehmen können.

Updates installieren

Auch bei allen IoT-Geräten gilt das Mantra: Updates, Updates, Updates. Stellen Sie sicher, dass all Ihre Geräte regelmäßig mit den aktuellen Firmwareupdates versehen werden. Vernünftige Hersteller sorgen dafür, dass erkannte Sicherheitslücken schnell geschlossen werden.

Geräteauswahl mit Bedacht

Wie in so vielen Bereichen unseres Lebens gilt auch hier: Wer billig kauft, kauft doppelt – oder zahlt gegebenenfalls mit seinen Daten. Dabei geht es nicht darum, sämtliche Hersteller günstiger IoT-Geräte pauschal zu verdammen. Doch wenn Sie eine günstige Kamera aus Massenfertigung kaufen, ist die Wahrscheinlichkeit für regelmäßige Updates deutlich geringer, als wenn es ein Markenprodukt ist. Das liegt vor allem daran, dass bei den günstigen Geräten oft Bauteile verwendet werden, die gerade billig verfügbar sind. Dadurch unterscheidet sich die Firmware von Gerät zu Gerät in vielen Fällen signifikant. Da ist das Bereitstellen von Updates schwierig und für den Hersteller wenig rentabel.

Kennwörter ändern

Neben technischen Mängeln ist eines der Haupteinfallstore bei IoT-Geräten die Nachlässigkeit der Benutzer: Die meisten Geräte schützen den Zugang zur Konfigurationsoberfläche und den Sensoren und Daten durch Benutzernamen und Kennwort. Diese stehen in den Handbüchern und sind damit für jeden Interessierten einsichtig. Auch sind diese nicht speziell oder kompliziert. Viele

Geräte verwenden „admin“ als Benutzernamen und „admin“ oder „1234“ als Kennwort. Da fällt Ihnen bestimmt etwas Besseres ein!

Brauchen Sie einen Wachhund?

Verschiedene Hersteller bieten Geräte an, die Ihr Netzwerk überwachen und nach Auffälligkeiten suchen – sogenannte IoT-Watchdogs. Das soll helfen, Geräte zu identifizieren, die von einer Malware infiziert sind und damit vielleicht Ihre Daten an Fremde weiterleiten. Ein solcher „Watchdog“ ist etwa die Bitdefender Box.
Was in der Theorie gut klingt, ist in der Praxis ein zweischneidiges Schwert: Sie können sich auf diesen Schutz weniger verlassen als auf den Virenscanner Ihres PCs. Denn die Identifikation eines Schädlings und das Erkennen des daraus resultierenden Datenabflusses ist sehr schwierig.

→ Schwellenwerte richtig einstellen

Entweder stellen Sie die Schwellenwerte für einen Alarm hoch ein, um möglichst viele potenzielle Bedrohungen zu erkennen. Dann werden Sie häufig Fehlalarme („False Positives“) erleben, bei denen Geräte fälschlicherweise als Bedrohung eingestuft werden. Oder Sie setzen die Schwelle so niedrig, dass Sie möglichst wenig gestört werden. Dann riskieren Sie, dass Sie von Eindringlingen oder Fehlfunktionen nichts mitbekommen.

Hinzu kommt: Sie müssen dem Watchdog vollumfänglichen Zugriff auf den Datenverkehr im Netzwerk erlauben. Wie bei einem VPN-Netz (siehe Seite 116) besteht damit grundsätzlich die Möglichkeit, dass der Anbieter die Daten nicht für eigene Zwecke nutzt. Auch dieser Dienst ist also Vertrauenssache!

Gut gesichert und geschützt

Sie haben viel über die Gefahren gelesen, die Ihren Daten drohen und die Ihnen schlimmstenfalls große Probleme bereiten können. Und obendrauf kam der Hinweis, wie wichtig Ihr eigenes Verhalten ist. Nun wird es Zeit, einmal tief durchzuatmen: In diesem Kapitel erfahren Sie, welche Maßnahmen Sie ergreifen und welche Tools Sie nutzen können, um Ihren Datenalltag so sicher und zugleich so komfortabel wie möglich zu machen. Oft können Sie schon mit wenig Aufwand viel erreichen.

Passwörter – komfortabel und zugleich sicher?

Schon wieder das Thema Passwörter? Ja, denn tatsächlich gibt es hierzu viel zu sagen. Schon weit vor der Einführung der elektronischen Geräte war die „Losung“, die Kenntnis eines wechselnden Kennworts, die einzige Möglichkeit, die Stadttore nach Einbruch der Dunkelheit zu passieren. Lachen Sie nicht: So hemdsärmelig mutet heute der Schutz mancher Systeme immer noch an. Je einfacher das Passwort, desto simpler ist es zu knacken.

Gute Passwörter entwerfen lassen

Im vorangegangenen Kapitel haben Sie schon eine einfache und schnelle Methode kennengelernt (siehe Seite 91), sich ein gutes Passwort zu merken, aber es geht noch sicherer.
Einen kostenlosen Passwortgenerator finden Sie beispielsweise hier: datenschutz.org/passwort-generator/. Auf der Webseite können Sie ein neues Passwort nach verschiedenen Kriterien anlegen:

1 Wählen Sie auf der linken Seite die Passwortlänge aus. Im Standard sind 16 Zeichen vorausgewählt.

2 Wenn Sie sich das Passwort merken können wollen, dann haken Sie die Optionen *Aussprechbar* ab. Keine Sorge, es wird trotzdem kein Wörterbuch-Passwort!

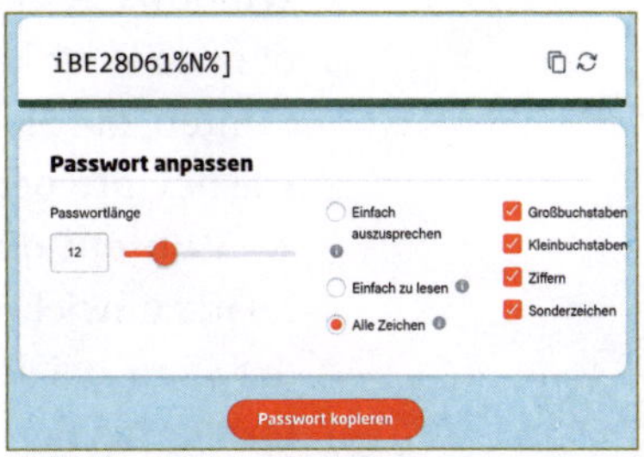

Info

Dictionary Attack: Angriff aus dem Wörterbuch Wir wünschen uns Passwörter, die wir uns leicht merken können. Warum also keine ganz normalen Begriffe in unsere Passwörter aufnehmen? Das ist gefährlich: Automatische Angriffe auf Benutzerkonten, sogenannte Dictionary Attacks, nutzen das aus, indem sie in unglaublicher Geschwindigkeit die Inhalte ganzer Wörterbücher ausprobieren. Die werden noch erweitert um Zahlen und Satzzeichen, um auch etwas bessere Passwörter zu erfassen.

3 Dazu können Sie noch auswählen, ob Großbuchstaben, Kleinbuchstaben, Ziffern und/oder Sonderzeichen im Passwort vorkommen sollen.

4 Klicken Sie dann auf *Passwort generieren*.

5 Am oberen Rand des Eingabefeldes sehen Sie das zufällig generierte Passwort. Wenn Sie ein anderes wollen, klicken Sie auf den *Kreis mit den Pfeilen.* LastPass generiert dann ein neues.

6 Klicken Sie auf *Passwort kopieren*, um es in die Zwischenablage zu kopieren und von dort aus weiterverwenden zu können.

Einmalpasswörter als Alternative

Zwei prinzipielle Arten der Anmeldung lassen sich unterscheiden:

- **Wichtige Konten:** Zum einen gibt es wichtige Konten, wie Ihr Windows-Benutzerkonto oder die Konten bei Onlinehändlern, bei denen Sie oft kaufen, und die Seite Ihres Onlinebankings. Das sind Konten, die Sie immer wieder benutzen. Für diese sollten Sie sich wie beschrieben merkbare, sichere Passwörter ausdenken.
- **Konten, die Sie nur einmal brauchen:** Zum anderen gibt es relativ unwichtige Konten, die Sie eigentlich nur einmal brauchen: der Shop, bei dem Sie einmal und nie wieder bestellen, oder die Infoseite, bei der Sie nur einmal etwas herunterladen wollen.

Bei der letzten Gruppe von Konten bietet es sich an, Einmalpasswörter zu verwenden. Das sind zufällig generierte Zeichenfolgen, die Sie sich nicht merken, sondern nur einmal verwenden und dann vergessen. Dazu können Sie beispielsweise auch wieder die LastPass-Webseite nutzen und *Einfach auszusprechen* oder *Einfach zu lesen* deaktivieren.
Klicken Sie auf *Passwort kopieren*, dann fügen Sie das Passwort aus der Zwischenablage auf der Webseite ein, auf der sie das Einmalkonto anlegen wollen. Nutzen Sie dann dieses Konto wie gewünscht, loggen Sie sich danach aus – und das war's.

Passwortmanager beziehungsweise Passwortsafes

Sie haben den Kopf viel zu voll: Passwörter, PINs, Zugangsnummern – all das will verwaltet und behalten werden. Sie wissen bereits, dass Sie nicht überall dasselbe Passwort nutzen sollten (siehe Seite 89). Das bedeutet jedoch: Selbst mit sehr guten Eselsbrücken kommt Ihr Gedächtnis irgendwann an seine Grenzen.
Statt die Passwörter jetzt doch auf kleine Klebezettel zu schreiben und im direkten Umfeld zu deponieren, kommen hier Passwortmanager ins Spiel, die beides sind: komfortabler und sicherer. Es gibt viele verschiedene Passwortmanager auf dem Markt, die Ihre Benutzernamen und Kennwörter sicher speichern. Teilweise werden diese auch als „Passwortsafes“ bezeichnet.
Wir haben zuletzt 2022 verschiedene Passwortmanager getestet. Dabei haben wir Sicherheitsfunktionen (30 Prozent), Handhabung (50 Prozent), Vielseitigkeit (10 Prozent) und Datenschutz (10 Prozent) der Kandidaten auf Herz und Nieren geprüft. Den Testsieg teilen sich 1Password (damals 38 Euro pro Jahr)

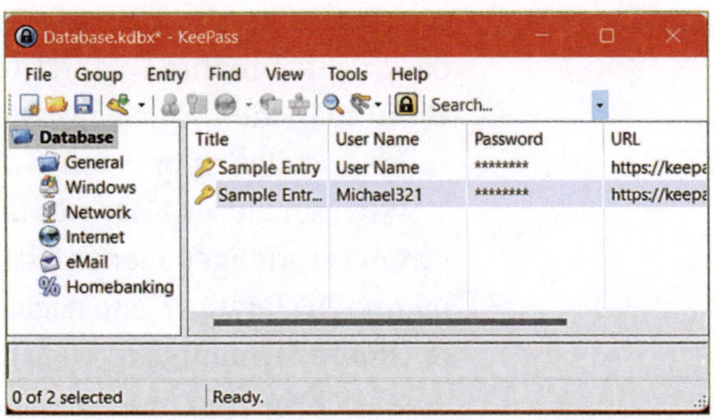

und Dashlane (damals 53 Euro im Jahr). Bitwarden ist mit jährlich rund 9 Euro der günstigste Gute. Alle Anbieter stellen auch kostenlose Varianten zum Ausprobieren bereit. Ein kostenloser Passwortmanager, den wir getestet haben, war KeePassXC. Er wurde allerdings lediglich mit 4,1 bewertet. Details zum Test können Sie nachlesen unter: test.de/Passwortmanager.

So richten Sie sich Ihren Passwortmanager ein

Ein Passwortmanager folgt einem einfachen Prinzip: Sie legen in der App einen Software-Safe an, in den Ihre Passwörter abgelegt werden. Damit kein Unberechtigter mit dieser Datei auf Ihre Passwörter zugreifen kann, wird sie durch ein Masterpasswort verschlüsselt. Ohne das Masterpasswort ist im Passwortsafe nur Datenbrei lesbar, den niemand nutzen kann – weshalb es sicher und nicht erratbar sein sollte (siehe Seite 92).

1 Erstellen Sie ein Nutzerkonto für den gewünschten Passwortmanager, indem Sie sich per PC auf der Website des Anbieters registrieren.

2 Laden Sie dann von der Anbieterwebseite die Installationsdatei auf Ihren Computer herunter und installieren Sie das Programm.

3 Wählen Sie ein Masterpasswort.

4 Installieren Sie anschließend auch die Browser-Erweiterung Ihres Managers in allen Browsern, die Sie verwenden.

5 Legen Sie in den Browser-Einstellungen fest, dass sich künftig nicht mehr der Browser, sondern Ihr neuer Passwortmanager standardmäßig um Ihre Login-Daten kümmern soll.

6 In manchen Fällen müssen Sie zum Abschluss alle Browser-Fenster schließen und den Browser neu starten.

7 Richten Sie als Nächstes die App Ihres Passwortmanagers auf Ihrem Handy (gegebenenfalls auch Tablet) ein (zur Nutzung auf mehreren Geräten siehe nächste Seite).

8 Rufen Sie dann alle Websites und Apps auf, die für Sie besonders wichtig sind, und melden Sie sich dort in Ihren jeweiligen

Konten an. Beim Login fragt Ihr Passwortmanager in der Regel, ob er die Anmeldedaten speichern soll. Das bestätigen Sie.

9 Um weniger wichtige Anmeldedaten kümmern Sie sich beim Besuch der jeweiligen Plattform – Ihr Passwortmanager fragt Sie.

10 Ab dem nächsten Login sollte der Manager Sie automatisch anmelden. Sie haben es geschafft!

Den Passwortmanager auf mehreren Geräten nutzen

Vermutlich nutzen Sie verschiedene Geräte, stationär wie unterwegs. Daher kann es ratsam sein, wenn Sie Ihren Passwortsafe stets dabeihaben. In diesem Fall sollte das entsprechende Programm auf allen möglichen Betriebssystemen und Gerätetypen lauffähig sein. 1Password und die allermeisten anderen getesteten Passwortmanager laufen auf Windows, MacOS, Android und iOS. Kurz: Auf so gut wie allen Geräten, die Sie nutzen. Durch eine integrierte Synchronisationsfunktion werden Änderungen, die Sie auf einem Gerät vornehmen, auf alle anderen Geräte übertragen: Ihre Passwörter sind also immer aktuell.

Mehr Sicherheit: Zwei-Faktor-Authentifizierung (2FA)

Mit der Zwei-Faktor-Authentifizierung ziehen Sie neben dem Passwort eine zweite Sicherheitsebene ein (siehe auch Seite 92).

Viele der großen Dienste wie Microsoft 365, Facebook, Dropbox, IONOS/1&1 und die meisten E-Mail-Anbieter bieten die Zwei-Faktor-Authentifizierung an. Sie müssen sie nur einmal aktivieren. Am Beispiel des E-Mail-Dienstes GMX lässt sich schnell zeigen, dass die Einrichtung einfach (und bei anderen Diensten ähnlich) ist:

1 Laden Sie sich die Authenticator-App aus dem Play Store oder dem App Store herunter.

2 Melden Sie sich bei Ihrem GMX-Konto an.

3 Klicken Sie auf *Passwort/Sicherheit* und auf *Sicherheit*.

4 Ganz unten klicken Sie den Eintrag *Zwei-Faktor-Authentifizierung aktiveren* an.

5 Über *Jetzt Einrichtung starten* folgen Sie den Anweisungen auf dem Bildschirm.

6 Geben Sie eine Mobilfunknummer ein, an die per SMS Codes verschickt werden können.

7 In der Authenticator-App klicken Sie auf das Zeichen +, um ein neues Konto hinzuzufügen.

8 Die Webseite zeigt Ihnen nun einen Barcode an, den Sie mit der Authenticator-App scannen.

9 Die App erkennt das Konto und synchronisiert sich mit dessen Einstellungen. In der Folge zeigt es Ihnen einen sechsstelligen Zahlencode an, den Sie wiederum auf der Webseite eingeben müssen.

Bei jeder neuen Anmeldung an Ihrem GMX-Konto fragt dieses nun nach Eingabe von Benutzernamen und Kennwort einen Authentifizierungscode ab. Diesen können Sie in der Authenticator-App ermitteln und einfach in das Eingabefeld eintragen.
Nicht jedes Programm ist mit der Methode der Zwei-Faktor-Authentifizierung vertraut. Wenn Sie auf Ihr GMX-Konto etwa über das E-Mail-Programm Outlook zugreifen, müssen Sie sich ein Einmalpasswort erstellen lassen. Das finden Sie im Sicherheitsbereich unter *Anwendungsspezifische Passwörter*. Für jede App erhalten Sie ein separates Einmalkennwort, darum geben Sie jedem neuen Einmalpasswort einen Namen, mit dem Sie es erkennen können.
Im Beispiel: Bei der ersten Anmeldung mit Outlook bei GMX, also bei der Einrichtung des Kontos, geben Sie das Einmalpasswort anstatt des normalen Kennworts ein. Haben Sie den Verdacht, das Konto wurde von einem Unberechtigten verwendet, löschen Sie das Einmalpasswort und legen ein neues an. Der Angreifer kommt nicht mehr an Ihre E-Mails, und Ihr eigentliches Kontopasswort ist nicht gefährdet.

Einmalkonten als Alternative

Wenn Sie Einmalpasswörter verwenden, dann liegt dahinter immer noch eine E-Mail-Adresse, die wirklich existiert. Wird das Konto gehackt, mag davon zunächst nur ein Händler oder Dienst betroffen sein, da Sie das Passwort sonst nirgendwo verwenden. Doch schon allein mit einer echten E-Mail-Adresse kann ein Angreifer Unfug treiben. Einen Schritt weiter in Richtung Sicherheit gehen Sie mit der Verwendung von Einmalkonten. Das bedeutet, Sie erstellen E-Mail-Adressen, die nur für diesen einen Einkauf verwendet werden. Diese E-Mail-Adressen zeichnen sich dadurch aus, dass sie nur eine gewisse Zeit lang gültig sind (meist zwischen 60 Minuten und 30 Tagen). Nach der Ablauffrist existieren diese Adresse und die im Postfach gespeicherten E-Mails nicht mehr. Einige Dienste, zum Beispiel EmailGo oder Tempr.email, bieten solche Einmal-E-Mail-Postfächer kostenlos an:

1 Legen Sie bei einem dieser Dienste ein kostenloses Einmalpostfach an. Sie können die E-Mail-Adresse entweder selbst wählen oder dies der zufälligen Auswahl durch den Anbieter überlassen.

2 Lassen Sie das Einmal-E-Mail-Postfach offen und rufen Sie in einem zweiten Browserfenster die Seite des Händlers oder Diensteanbieters auf, bei dem Sie ein Konto anlegen wollen.

3 Geben Sie als Benutzernamen beziehungsweise E-Mail-Adresse die soeben angelegte Einmal-E-Mail-Adresse ein.

4 Warten Sie auf die Registrierungs-E-Mail im Einmal-Postfach.

5 Klicken Sie auf den Link in der E-Mail, um die Registrierung abzuschließen.

6 Sie löschen die E-Mail im Einmal-Postfach entweder sofort oder legen eine Ablauffrist fest, die Ihnen erlaubt, weiter über diese Adresse mit dem Händler Kontakt zu halten, bis die Ware da ist.

Die Internetverbindung

Die Internetverbindung ist einer der Hauptangriffspunkte auf Ihre Daten. Je sicherer die ist, desto geringer das Risiko eines Datenverlustes. Viele konkrete Maßnahmen können Sie schnell umsetzen.

Den Router sichern

Gehen Sie zu Hause ins Internet, tun Sie das meist über den Router, den Sie von Ihrem Internetanbieter bekommen oder sich selbst zugelegt haben. Die Standardkonfiguration ist zum sicheren Surfen nicht gut geeignet. Neben dem Umstellen des Standardpasswortes des Routers (siehe Seite 88) bieten sich folgende Maßnahmen an:

Änderung des WLan-Schlüssels

Viele Angriffe können dadurch geschehen, dass Sie es Angreifern zu leicht machen, in Ihr WLan zu kommen. Entweder ist der Zugangscode zu einfach, zu kurz oder er steht sogar auf dem Typenaufkleber des Routers. Im letzten Fall kann jeder Mensch, der einmal bei Ihnen zu Hause an den Router kam, jederzeit über Ihr WLan ins Internet gehen. Das ist beispielsweise problematisch, wenn ein Betrug stattfindet und dabei Ihre Internet-IP-Adresse genutzt wird. Es empfiehlt sich also, den Standardnetzwerkschlüssel durch einen wirklich sicheren zu ersetzen.

Die Änderung lässt sich mit wenig Aufwand vornehmen, exemplarisch am Beispiel des Standardrouters Fritz!Box von AVM, bei anderen Herstellern verhält es sich aber ähnlich.

1 Idealerweise verwenden Sie ein Gerät, das per Kabel mit dem Router verbunden ist. Denn nach der Änderung des WLan-Schlüssels verlieren alle Geräte im WLan sofort die Verbindung, weil der Schlüssel, den sie verwenden, ja nicht mehr stimmt.

2 Melden Sie sich an der Router-Administrationsoberfläche an.

3 Klicken Sie auf *WLan*, dann auf *Sicherheit*.

4 Unter *WLan-Verschlüsselung* stellen Sie sicher, dass eine Verschlüsselung (zum Beispiel WPA2) aktiviert ist. Wenn das nicht der Fall ist, holen Sie das nach.

5 Unter *WLan-Netzwerkschlüssel* geben Sie einen Schlüssel ein, der nach BSI mindestens 20 Zeichen lang sein sollte. Die WPA2/WPA3-Verschlüsselung unterstützt bis zu 63 Zeichen.

6 Sie können auch andere Zeichen als Ziffern verwenden. Ob das eine gute Idee ist, hängt allerdings von den Geräten ab, die sich mit dem WLan verbinden sollen. Gerade ältere Smart-Home-Geräte unterstützten teilweise nur Ziffern. Diese älteren Geräte sollten Sie aber vielleicht besser ohnehin austauschen!

7 Nach der Änderung des WLan-Schlüssels müssen Sie diesen bei jedem Gerät im WLan neu eingeben.

Updates für den Router automatisch installieren

Nicht nur bei Betriebssystemen sind Updates wichtig. Router gibt es nicht so viele am Markt, und viele davon werden in großen Mengen über die Netzbetreiber vertrieben, sind also bekannt und damit für Cyberangreifer ein lohnendes Ziel. Sicherheitslücken werden im Handumdrehen im Netz kommuniziert und ausgenutzt. Im Gegenzug sind die Hersteller ebenso schnell dabei, die Lücken zu beheben. Aktivieren Sie daher die automatischen Updates:

1 Melden Sie sich an der Router-Administrationsoberfläche an.

2 Klicken Sie auf System, dann auf *Update*. Hier können Sie das aktuelle Update herunterladen und installieren.

3 In der Nähe dieser Einstellungen finden Sie einen Reiter oder eine Schaltfläche, die die *automatischen Updates* aktivieren lässt.

4 Hier haben Sie meist verschiedene Optionen: Entweder Sie lassen sich nur benachrichti-

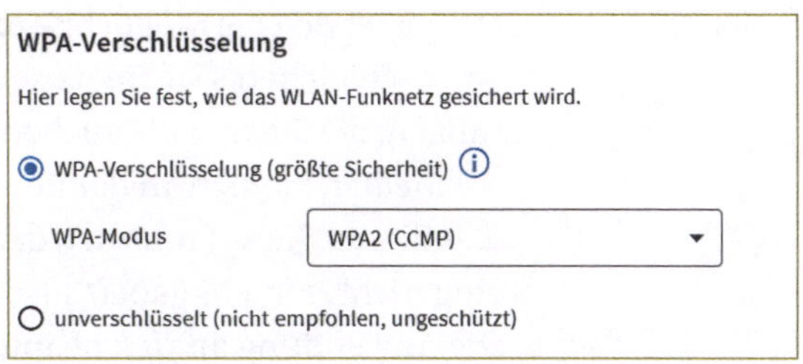

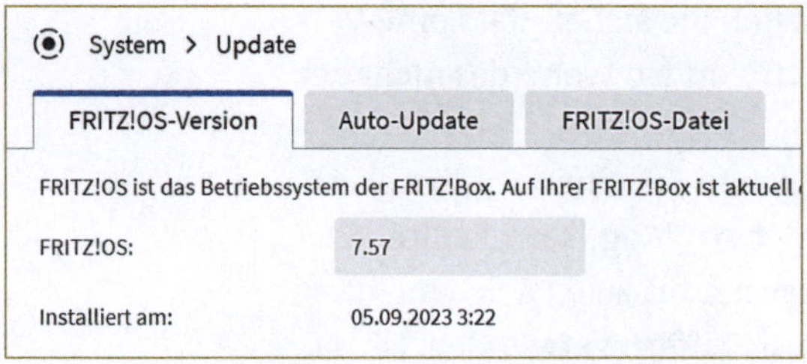

gen oder die Updates bei Verfügbarkeit automatisch installieren. Bei Letzterer müssen Sie sich um nichts kümmern und bekommen die Behebung der Sicherheitslücken umgehend und ohne eigenes Zutun.

Den Router abschotten

Der Router ist wie eine Drehtür: Daten gehen raus, Daten kommen herein. Ob es die Netzwerkfestplatte ist (siehe Seite 136), die IP-Kamera, der Kühlschrank oder die Smart-Home-Lampen – der Kontakt kommt aus dem Internet, wenn Sie unterwegs sind. Durch diese Drehtür können sich auch ungebetene Gäste einschleichen!

Moderne Router sind mehr als reine Internet-Zugangsstationen. Sie sind kleine Server, die eine Vielzahl von Funktionen bieten. So auch die des FTP-Servers, mit dem Sie Dateien im Internet verfügbar machen können. Dazu ist bei vielen Routern vorkonfiguriert, dass bestimmte Anschlüsse am Router von außen zugänglich gemacht und dann an Geräte im Netzwerk weitergeleitet werden.

Diese sogenannten Ports sind immer speziell für bestimmte Anwendungen gedacht. Port 20 beispielsweise für den Dateiaustausch per FTP, Port 80 für das Erreichen einer Weboberfläche eines Gerätes und so weiter. Im Router gibt es dann eine Portweiterleitung, die alle Verbindungsanfragen von außen auf diesen Port an die IP-Adresse eines Gerätes im internen Netzwerk weiterleitet. Das bietet diverse Möglichkeiten für Angreifer, sich in Ihr Netzwerk einzuschleichen. Darum: Löschen Sie alle Freigaben und Weiterleitungen, die Sie nicht brauchen!

1 Melden Sie sich an der Router-Administrationsoberfläche an.

2 Klicken Sie auf *Internet*, dann auf *Freigaben*. Hier sehen Sie alle eingerichteten Freigaben, also welcher Port beziehungsweise welche Anwendung an welche interne IP-Adresse weitergeleitet wird.

3 Überprüfen Sie, welche davon nötig sind. Alle, die gesichert ungenutzt sind, können Sie mittels Klick auf das *Mülltonnen*-Symbol löschen.

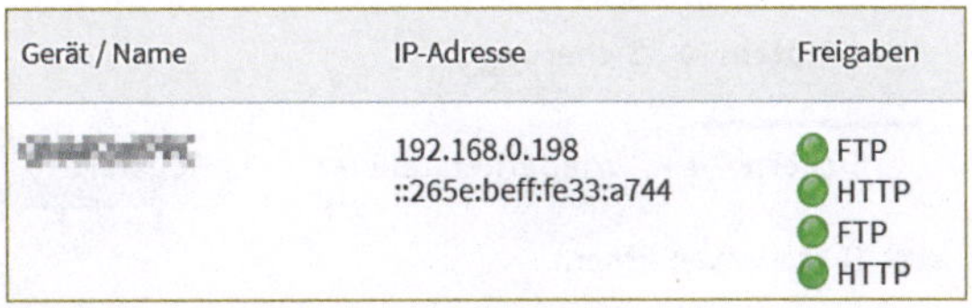

Gerät / Name	IP-Adresse	Freigaben
	192.168.0.198 ::265e:beff:fe33:a744	FTP HTTP FTP HTTP

Ports kann man ändern

Ganz ohne Ports geht es nicht, denn wenn Sie Geräte ins Internet stellen, dann sind Portweiterleitungen unabdingbar. Dafür sind am Router Standardports eingerichtet – „Standard" bedeutet aber auch hier wieder, dass diese allgemein bekannt sind und deshalb oft für Angriffe ausgenutzt werden. Daher sollten Sie die Ports Ihrer Geräte neu zuweisen und dafür andere als die im Standard eingestellten verwenden. Die Netzwerkfestplatte läuft etwa statt auf dem Standardport 80 oder 8080 ebenso gut auf dem Port 7171. Ein Angreifer hingegen kommt vermutlich nicht auf die Idee, dort nach der Netzwerkfestplatte zu suchen.

Sie können trotzdem auf das Gerät zugreifen: Hängen Sie an die Internet- oder IP-Adresse einen Doppelpunkt und dann die neue Portnummer an. Im Beispiel wäre das MeinePlatte.dyn.com:7171.

So ändern Sie die Ports:

1 Melden Sie sich an der Router-Administrationsoberfläche an.

2 Klicken Sie auf *Internet*, dann auf *Freigaben*. Klicken Sie auf das *Plus*-Zeichen, um eine neue Freigabe einzurichten.

3 Geben Sie als *Port extern* die Portnummer ein, unter der das Gerät aus dem Internet erreichbar sein soll. Im Beispiel 7171. Achten Sie darauf, dass Sie keinen Port verwenden, der in Benutzung sein könnte. Die Liste der Standardports finden Sie im Internet.

4 Unter *Port an Gerät* geben Sie den Port an, den das Gerät tatsächlich verwendet. Im Beispiel ist das 80.

5 Das Ergebnis: Wer den neuen Port nicht kennt, der kommt von außen nicht an das Gerät heran.

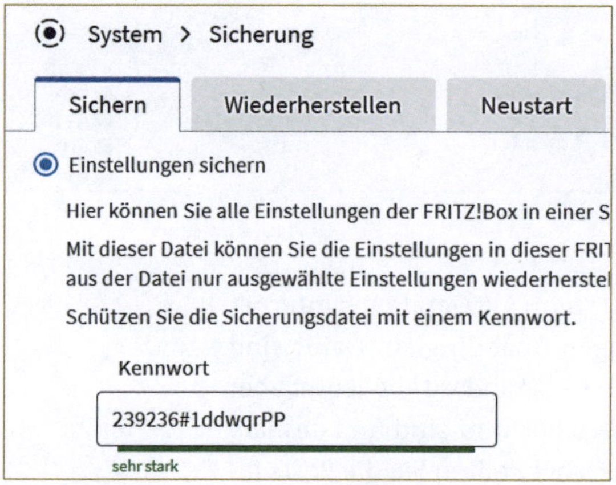

Die Konfigurationen des Routers sichern

Der Router ist zentral für Ihren Internetzugang. Und er ist ein technisches Gerät, das eine begrenzte Lebensdauer hat und auch einmal kaputt gehen kann. Alle Einstellungen nach und nach in einem neuen Gerät manuell eingeben zu müssen ist aufwendig und dauert einige Zeit. Die Lösung: Sichern Sie die Konfiguration.

1 Melden Sie sich an der Router-Administrationsoberfläche an.
2 Klicken Sie auf *System*, dann auf *Sicherung*.
3 Aktivieren Sie den Passwortschutz der Sicherung, damit niemand unberechtigt darauf zugreifen und Konfigurationsinformationen des Routers auslesen kann.
4 Klicken Sie auf *Sichern* und legen Sie den Ort der Sicherung fest.
5 Idealerweise kopieren Sie die Sicherungsdatei auf einen USB-Stick, den Sie dann sicher aufbewahren.
6 Beim neuen Router – Kompatibilität ist beim selben Hersteller sehr wahrscheinlich – können Sie im selben Einstellungsdialog auf *Wiederherstellen* klicken. Nach erfolgreichem Abschluss und Neustart sollten Sie direkt wieder ins Internet kommen.

Sicherheit im WLan

Die Internetverbindung beginnt im Router, aber wenn die Datenpakete erst einmal Ihren Rechner verlassen haben, sind sie mit deutlich weniger Schutz versehen als auf Ihrem Rechner. Das heißt aber nicht, dass es keine Stellschrauben gibt, mit denen Sie Ihre Daten auch auf dem Weg durch das Internet schützen können.

WLan-Nutzung unterwegs

Ihr WLan zu Hause haben Sie nun abgesichert, wenn Sie die eben beschriebenen Einstellungen an Ihrem Router vorgenommen haben. Was aber, wenn Sie unterwegs sind? Verbinden Sie sich in einem Hotel oder an einem öffentlichen Ort mit einem WLan, müssen Sie sich mit den Gegebenheiten abfinden, die ein Fremder geschaffen hat.

Vorsicht bei offenen WLans

Sie haben schon bei der WLan-Konfiguration Ihres Routers (siehe Seite 108) erfahren, dass ein WLan immer verschlüsselt sein sollte. Gerade an öffentlichen Orten sind aber offene WLans gang und gäbe. Ein offenes WLan erkennen Sie an diesen Merkmalen:

- Sie benötigen keinen Zugangscode, sondern verbinden sich einfach. In Hotels müssen Sie gegebenenfalls Ihre Zimmernummer und Ihren Namen eingeben, was aber keine Verschlüsselung ist.

Info

Der Man-in-the-Middle-Angriff Was passiert, wenn Sie einen Brief ohne Umschlag in den Briefkasten des Empfängers werfen, unterdessen aber jemand heimlich den Brief nimmt, liest und wieder in den Briefkasten wirft, aus dem der eigentliche Empfänger ihn dann entnimmt? Sender und Empfänger merken davon nichts, der Inhalt des Briefes aber ist einem Fremden bekannt. Grob sieht so das Prinzip des Man-in-the-Middle-Angriffs aus, der nicht selten in offenen WLans stattfindet. Der Angreifer tarnt sich als WLan-Accesspoint, mit dem Sie sich verbinden, wodurch Ihre Daten nach dem Lesen an das echte WLan weitergegeben werden. Das Risiko verringern Sie, indem Sie eine Verschlüsselung (beim WLan) verwenden!

► Bei Windows wie MacOS fehlt das Schloss-Symbol neben dem WLan-Namen.

Wenn Sie sich also entscheiden, das WLan zu verwenden, dann achten Sie auf folgende Dinge:

► Achten Sie auf eine verschlüsselte Verbindung zu Webseiten, die Sie an dem https:// (statt http://) der Internetadresse oder dem Schloss in der Adresszeile Ihres Browsers erkennen.
► Schalten Sie das WLan nur bei Bedarf ein.
► Übertragen Sie hierüber möglichst keine sensiblen Daten.
► Verwenden Sie ein VPN, um den Internetverkehr zu verschlüsseln (siehe nächste Seite).

Aufräumen der WLan-Liste

Über die Monate und Jahre sammelt sich in Ihrer WLan-Liste eine schier unüberschaubare Menge von WLans, mit denen sich Ihr Rechner verbunden hat – und sich auch wieder verbinden würde, wenn Sie ihn ließen. Es ist daher sehr sinnvoll, wenn Sie die Liste der gespeicherten WLans kontrollieren und die nicht wirklich benötigten löschen. Das geht so:

Windows:

1 Öffnen Sie die *Einstellungen* von Windows, klicken Sie dann links in der Übersicht auf *Netzwerk und Internet*.

2 Klicken Sie auf *WLan*, dann zeigt Windows die gespeicherten/bekannten WLans an.

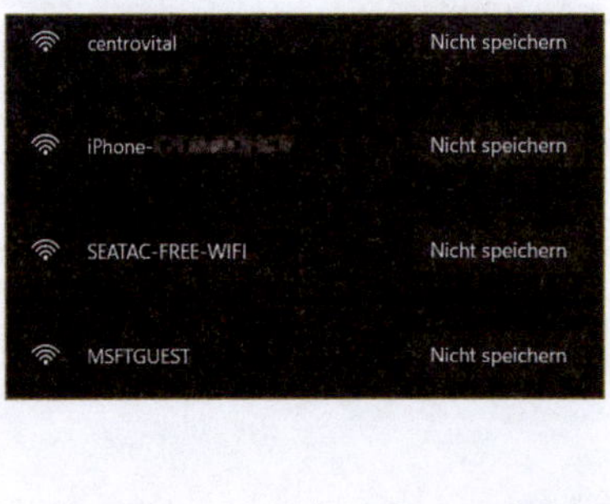

3 Klicken Sie neben allen WLans, die Sie nicht mehr speichern wollen, auf *Nicht speichern*.

4 Windows löscht die Zugangsdaten zu diesen WLans. Sie können sich nach wie vor damit verbinden, müssen nur manuell die Zugangsdaten eingeben, die Verbindung läuft nicht mehr automatisch.

MacOS:

1 Öffnen Sie die *Einstellungen* von MacOS, klicken Sie dann links in der Übersicht auf *Netzwerk*.

2 Klicken Sie dann auf WLan, dann auf *weitere Optionen*. Nun zeigt MacOS die gespeicherten/bekannten WLans an.

3 Um ein WLan zu löschen, klicken Sie es an und dann auf das *Minus*-Zeichen unten an der Liste der WLans.

4 MacOS löscht die Zugangsdaten zu diesen WLans. Sie können sich weiterhin damit verbinden, müssen nur manuell die Zugangsdaten eingeben, die Verbindung läuft nicht mehr automatisch.

Ein VPN verwenden

Besonders, wenn Sie vertrauliche Informationen übertragen oder die Verbindung selbst nicht sicher ist – wie es bei einem offenen WLan der Fall ist – ist es empfehlenswert, ein VPN zu verwenden. Dieses Virtual Private Network baut innerhalb des WLans einen eigenen Tunnel auf, in dem die Daten sicher verschlüsselt werden. Wenn ein Unbefugter ins WLan kommt, dann benötigt er zusätzlich noch den Verschlüsselungscode des VPNs.

VPN im Browser

Falls Sie fürchten, dass das viel zu kompliziert sei, können wir Sie beruhigen: Das geht schon mit sehr einfachen Mitteln. Beispielsweise wenn Sie statt Ihres Standard-Browsers Opera (opera.com) verwenden. Der kostenlose Browser hat in der Windows-Version nämlich ein kostenloses VPN integriert.

1 Laden Sie Opera herunter und installieren Sie den Browser.

2 Nach dem Durchführen der ersten Konfigurationsschritte finden Sie links von der Adresszeile von Opera eine kleine Schaltfläche *VPN*. Ein Klick darauf verschlüsselt die Verbindung .

Info

Geofencing mit VPN umgehen Einen netten Nebeneffekt haben VPNs auch noch: Sie verschleiern Ihre tatsächliche Position. Sie sind in Deutschland, wählen aber einen VPN-Server in den USA an, dann denken die aufgerufenen Webseiten, dass Sie in den USA sind. Damit können Sie in vielen Fällen das sogenannte Geofencing, die Beschränkung von Inhalten auf ein Land, umgehen (was gegebenenfalls bei einigen Anbietern nicht legal ist). Größere Anbieter wie Netflix und andere haben aber mittlerweile Mittel und Wege, VPN-Verbindungen zu erkennen und Ihnen die Inhalte trotzdem zu verweigern.

3 Klicken Sie im sich öffnenden Fenster auf den *Start*-Button.

4 In der kostenlosen Version lässt sich keine weitere Einstellung vornehmen, nur die Region des VPN-Servers bestimmen.

Nutzen eines VPN-Clients

Bei anderen, kostenpflichtigen VPN-Anbietern funktioniert es ähnlich wie bei Opera. Bei diesen ist allerdings der Browser von der VPN-Funktion entkoppelt. Das hat den Vorteil, dass nicht nur der Datenverkehr über den Browser, sondern die gesamte Internetverbindung – also etwa auch der E-Mail-Verkehr – geschützt ist. Bei der Auswahl des verwendeten VPN-Anbieters sollten Sie natürlich Vorsicht walten lassen: Ist der nicht vertrauenswürdig, nutzt Ihnen die Verschlüsselung nichts. Unser letzter Test von VPN-Anbietern stammt auf dem Jahr 2021, liegt also schon etwas zurück. Die Testsieger waren damals NordVPN und Surfshark VPN (test 6/2021). Generell gehen Sie so vor:

1 Installieren Sie die VPN-Software, die Sie meist von der Webseite des Anbieters herunterladen.

2 Legen Sie ein Konto beim Anbieter an.

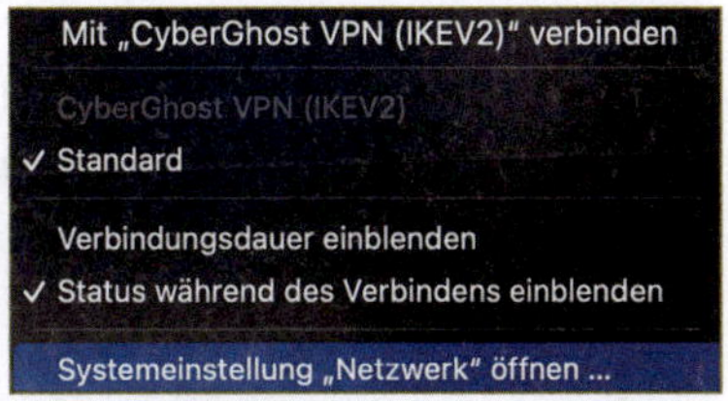

3 Melden Sie sich mit den zugehörigen Anmeldedaten des Anbieters an. Die meisten VPN-Anbieter arbeiten mit einem Abo-Modell.

4 Im VPN-Client auf Ihrem Rechner können Sie dann vor Aufbau der Verbindung festlegen, in welchem Land der Server stehen soll, mit dem Sie sich verbinden.

5 Starten Sie die Verbindung durch einen Klick auf den *Start*-Button des Clients.

VPN in Router und NAS

Viele Router bieten Nutzern die Option, ein eigenes VPN aufzubauen – darunter auch aktuelle Fritzboxen. Anders als bei kommerziellen Diensten fallen hierfür keine Zusatzkosten an. Die Ersteinrichtung ist allerdings ziemlich anspruchsvoll. Anleitungen dazu liefert der Fritzbox-Anbieter AVM auf seiner Website.

Das Fritz-VPN leitet den Datenverkehr des Nutzers über den Internetanschluss zu Hause um: Surft ein Kölner in einem Leipziger WLan-Café mit seinem Handy, laufen die Daten vom Smartphone über die Fritzbox in Köln ins Internet. Der Router muss daher während der Reise eingeschaltet bleiben. Die Schnelligkeit der VPN-Verbindung hängt vom heimischen Anschluss ab.

→ Sicher, aber nicht anonym

Das Fritz-VPN verschlüsselt den Datenstrom. Im Gegensatz zu kommerziellen VPNs verschleiert es jedoch nicht die Identität des Surfers gegenüber Websites. Es dient daher primär der Sicherheit. Ausländische Streamingportale lassen sich damit nicht verwenden – gegen Geofencing hilft das Fritz-VPN höchstens, wenn Sie im Ausland sind und deutsche Inhalte abrufen wollen. Ob Sie damit bei Auslandsreisen Zensurmaßnahmen umgehen können, ist von Fall zu Fall unterschiedlich.

Verwenden Sie eine Netzwerkfestplatte (NAS) , besitzt diese oft ebenfalls die Funktion eines VPN-Servers. Die Konfiguration ist allerdings nicht im Handumdrehen erledigt. Detaillierte Anleitungen finden Sie auf den Webseiten des jeweiligen Herstellers.

Der Browser

Ihr Webbrowser ist für die meisten Tätigkeiten, die das Versenden, Hochladen oder Herunterladen von Dateien beinhalten, der zentrale Anlaufpunkt. Ihre Internetverbindung kann noch so sicher sein, wenn der Browser allzu freigiebig mit den Informationen auf Ihrem Rechner umgeht, nützt dies nur bedingt. Darum überprüfen Sie vor dem Surfen dessen Einstellungen und wählen Sie je nach Datentransfer den passenden Surfmodus oder gar Browser.

Wozu dient Tracking?

Kostenlose Angebote finanzieren sich nicht selten über die Daten, die Sie – oft unbemerkt – hinterlassen. Auch für viele Onlinehändler ist das Tracking wichtig: Je mehr sie über Sie wissen, desto gezielter können sie Ihnen Angebote machen und Sie so zum Kauf einer Dienstleistung oder eines Produktes zu bewegen.
Als Besucher einer Webseite bringen Sie eine Vielzahl von Informationen mit und hinterlassen eine Menge Spuren, die für den Betreiber hohen Wert haben, zum Beispiel:

- Welche Webseite haben Sie vorher besucht?
- Über welche Suchbegriffe haben Sie die Seite gefunden?
- Welche Unterseiten der aufgerufenen Seite rufen Sie auf?
- Auf welcher Seite verlassen Sie das Internetangebot?
- Wann und wie oft besuchen Sie die Website?

Die Herausforderung für die Betreiber der Seiten besteht darin, dass Sie allein über die IP-Adresse nicht dauerhaft identifizierbar sind: Bei Privatanschlüssen wechselt diese bei jedem Verbindungsaufbau, meist auch unabhängig davon nach 24 Stunden. Es kommen also weitere Mittel zum Einsatz, die dazu dienen, Sie möglichst eindeutig zu identifizieren.

Diese Identifikation hat aber nicht nur einen Einfluss darauf, Ihnen gezielt Werbung anzuzeigen: Das ist vielleicht manchmal nervig, stellt aber keine Gefahr für Ihre Daten dar. Wenn diese Trackingdaten jedoch in die falschen Hände gelangen, können sie auch zu kriminellen Zwecken genutzt werden. Die Kombination dieser Informationen mit anderen Daten ermöglicht es, gezielte, sehr effiziente Angriffe durchzuführen.

→ Ihre Konten im Internet finden

Ist der Zugang zum Konto eines Anbieters kompromittiert, sodass Kriminelle an Benutzername und Kennwort gelangen können, dann sind die Trackingdaten für diese eine wertvolle Zusatzinformation. Denn dadurch sind auch die anderen Webseiten bekannt, die Sie regelmäßig aufrufen, und es liegt nahe, die Anmeldedaten auch dort auszuprobieren. Die Kriminellen bekommen Ihre anderen Konten quasi automatisch mitgeliefert.

Aus diesem Grund kann es Ihre Sicherheit maßgeblich erhöhen, wenn Sie gegen Tracking vorgehen. Und das ist möglich, nicht zuletzt aufgrund der rechtlichen Situation.

Tracking im Browser verbieten

Die Datenschutz-Grundverordnung (DSGVO) schreibt vor, wie und unter welchen Bedingungen Ihre personenbezogenen Daten verarbeitet werden dürfen. Dazu gehört auch, dass eine sogenannte Do-Not-Track-Anforderung (DNT) – also eine Aufforderung, auf das Tracking zu verzichten –, die Ihr Browser sendet, berücksichtigt werden muss. Das ist leider keine Garantie dafür, dass Webseiten

Ihre DNT-Anforderung überhaupt auslesen, geschweige denn, sich daran halten. Auch wenn die Datenschutzaufsichtsbehörden mittlerweile davon ausgehen, dass diese Einstellung im Browser ein wirksamer Widerspruch gegen die Datensammlung ist, den es zu beachten gilt, liegt es am Ende doch am einzelnen Webseitenbetreiber, ob er dies berücksichtigt oder ignoriert.
DNT ist ein klassisches Beispiel für ein Glas, das je nach Sichtweise halb voll oder halb leer ist: Auch wenn es keine Garantie gibt, dass die DNT-Anforderung immer befolgt wird, existieren doch viele Webseiten, die das tun. Gerade bei größeren, seriösen Anbietern können Sie da relativ sicher sein. Deshalb ist es sinnvoll, diese Aufforderung in Ihrem Browser zu setzen. Daten, die gar nicht erst gesammelt, können auch nicht missbraucht werden.

Microsoft Edge

1 Klicken Sie auf die *drei Punkte* oben rechts in Edge, dann auf *Einstellungen*.

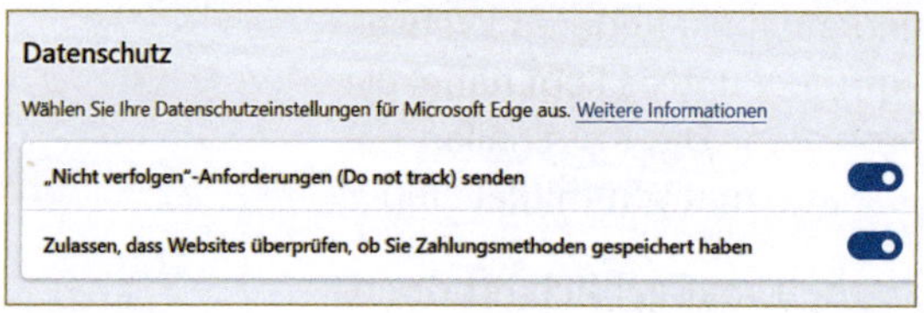

2 Wählen Sie links in der Übersicht *Datenschutz, Suche und Dienste*.

3 Unter Datenschutz wählen Sie *„Nicht verfolgen"-Anforderungen (Do not track) senden*.

Chrome

1 Klicken Sie auf die *drei Punkte* oben rechts in Chrome.

2 Klicken Sie unten auf *Einstellungen*.

3 Klicken Sie links unter *Erweitert, Datenschutz und Sicherheit* auf *Mehr*.

4 Aktivieren Sie den Schalter *Bei Browserzugriffen eine „Do Not Track"-Anforderung mitsenden*.

5 Aktivieren Sie auch *Drittanbieter-Cookies blockieren*.

Firefox

1 Klicken Sie auf die *drei Striche* oben rechts in Firefox.

2 Klicken Sie in der Mitte auf *Einstellungen*.

3 Klicken Sie links auf *Datenschutz & Sicherheit*.

4 Firefox bietet zwei verschiedene Schutzstufen für DNT: Sie können entweder die *Anforderung immer senden* oder entscheiden, dass dies nur bei der *Erkennung von bekannten Trackern* erfolgen soll. Die erste Option ist hier die bessere Wahl.

Safari

1 Klicken Sie in Safari auf dem Mac auf *Safari*, *Einstellungen*, dann in der Symbolleiste auf *Datenschutz*.

2 Aktivieren Sie *Webseitenübergreifendes Tracking verhindern* und *IP-Adresse vor Trackern verbergen*.

3 Unter iOS und iPad-OS finden Sie die Option in den Einstellungen des Systems unter *Safari*, *Datenschutz & Sicherheit*, *Cross-Sitetracking verhindern*.

Das iOS Privat-Relay

Unter iOS 15 und neueren Versionen gibt es auch auf Apple-Smartphones und -Tablets zusätzlich die Option „Privat-Relay", wodurch die IP-Adresse des benutzten Geräts beim Surfen verschleiert wird.

Bei jedem Surfen hat der Browser die IP-Adresse der Internetverbindung im Gepäck, die sich über Ihren Internetanbieter Ihnen dann als Benutzer zuordnen lässt. Das Privat-Relay verhindert das, indem es zwei zusätzliche Server dazwischenschaltet: Der eine anonymisiert diese Daten und gibt sie an einen zweiten Server weiter. Der zweite Server stammt von Apple, sodass die Webseiten, die Sie besuchen, diesen Aufruf nicht zu Ihnen zurückverfolgen können. Informationen wie Herkunftsland und verwendete Sprache werden im Browser hingegen übertragen, da sie für die korrekte Funktion der Seiten benötigt werden. Die von der Webseite gesen-

deten Daten werden dann wieder zwischen den Servern weitergegeben und gelangen von dort aus zu Ihrem Browser.
So aktivieren Sie Privat-Relay:

1 Schalten Sie diese Funktion unter *Einstellungen*, dann *iCloud+*, dann *Private-Relay* ein.

2 Unter *IP-Adressen-Standort* können Sie festlegen, ob immer der Standort Ihrer verwendeten Internet-IP-Adresse verwendet oder ein ungefährer, gröberer Standort übertragen werden soll.

Diese Funktion wird immer weiter erweitert, es kann daher noch zu Problemen kommen, etwa dass manche Seiten Sie im falschen Land vermuten oder Daten nicht schnell genug übertragen werden. In der Regel werden die Probleme aber schnell behoben.

Fingerprinting: Kaum vermeidbar

Neben dem Standardtracking, das mithilfe von Cookies funktioniert, ist in den letzten Jahren eine weitere Methode immer beliebter geworden: das sogenannte Fingerprinting. So wie ein menschlicher Fingerabdruck einmalig ist und eine eindeutige Identifikation einer Person zulässt, so ist auch Ihr Rechner sehr individuell.
Beim Aufruf einer Internetseite überträgt Ihr Browser eine Menge an Informationen, die eigentlich dazu dienen sollen, die Seite optimal auf Ihr System anzupassen. Dazu gehören etwa der verwendete Browser, das Betriebssystem und die Betriebssystemversion, die Spracheinstellung, die Zeitzone, installierte Plug-ins im Browser, installierte Schriftarten, die Bildschirmauflösung ...

→ Wie einzigartig bin ich?

Man könnte meinen, dass das bei Abermillionen von PCs auf der Welt kaum reicht, um Sie zu identifizieren. Das ist leider ein Irrglaube. Rufen Sie einmal amiunique.org auf. Die Seite liest die Fingerprint-Daten Ihres PCs aus und vergleicht sie mit denen anderer Anfragender. Das Ergebnis ist erschütternd ...

Die Antwort auf die Frage, wie Sie sich gegen Fingerprinting schützen können, wird Ihnen nicht gefallen: Es ist kaum möglich. Generell gilt: Je verbreiteter Ihr Browser ist, desto breiter ist die Masse derer, die vielleicht dieselben Einstellungen verwenden, was in diesem Fall wünschenswert ist. Auch das Blockieren von JavaScript kann helfen, nur können Sie dann viele Webseiten nicht mehr vernünftig nutzen. Ein wenig Abhilfe kann die Verwendung des Tor-Browsers bringen (mehr dazu auf der nächsten Seite).

Der Privat-Modus der Browser

Jeder Browser suggeriert Ihnen, dass Sie mit ihm anonym surfen können. Doch Vorsicht: Egal, ob die Funktion nun „Privater Modus", „InPrivate" oder „Inkognito" heißt, das hilft Ihnen im Zusammenhang mit den an die Seiten im Internet übertragenen Daten wenig. So gesehen könnte man von einem Etikettenschwindel sprechen. Trotzdem haben diese Funktionen einen Nutzen, denn der jeweilige Modus reduziert die Daten, die auf dem eigenen Computer gespeichert werden. Die Funktion ist vor allem dann interessant, wenn Sie anderen Nutzern Ihres PCs keine Daten über Ihr Surfverhalten zugänglich machen wollen.

Microsoft Edge

1 Klicken Sie auf die *drei Punkte* oben rechts in Edge.

2 Klicken Sie auf *Neues InPrivate-Fenster.*

3 Edge öffnet nun ein neues Browserfenster (keine neue Registerkarte). Jede neue Registerkarte, die Sie darin öffnen, ist ebenfalls privat. Sie erkennen dies an dem „InPrivate" ganz links von der ersten Registerkarte.

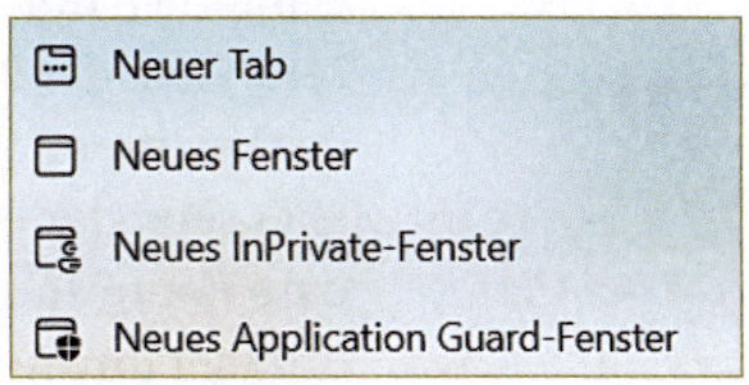

Chrome

1 Klicken Sie auf die *drei Punkte* oben rechts in Chrome.

2 Klicken Sie auf *Neues Inkognito-Fenster.*

Info

Die Nachteile des Privat-Modus Nutzen Sie den Privat-Modus Ihrer Browser nur dann, wenn Sie wirklich Ihre Daten schützen wollen. Die Vermeidung der Speicherung vertraulicher Informationen ist ein guter Schutz, aber nicht immer gewünscht: Benutzernamen und Passwort, die normalerweise automatisch vervollständigt werden, sind dann nicht verfügbar, Sie müssen alle Daten per Hand eingeben. Auch neu eingegebene Daten, die sonst gespeichert würden, sind in der nächsten Browsersitzung nicht mehr vorhanden!

Firefox

1 Klicken Sie auf die *drei Striche* oben rechts in Firefox.
2 Klicken Sie auf *Neues privates Fenster*.

Safari

1 Klicken Sie auf *Ablage* in Safari.
2 Klicken Sie auf *Neues privates Fenster*.

Der Tor-Browser

Mit einem Browser im Internet unterwegs zu sein, ist nahezu eine Garantie dafür, dass Daten übertragen werden, die Sie identifizieren. Allein der Weg, den die Datenpakete durch das Netz gehen und der bei Ihrer IP-Adresse endet, sorgt schon dafür.
Hier setzt der kostenlose Tor-Browser an: Statt eine nachvollziehbare Route zu nehmen, schickt der auf Ihrem PC installierte Tor-Browser Ihre Anfrage, mit der Sie eine Webseite aufrufen möchten, zunächst an einen zufälligen Server im Tor-Netzwerk. Der wiederum leitet Sie an einen zweiten, ebenfalls zufälligen Server im Netzwerk weiter. Der zweite Server bekommt dann nur die Daten des ersten Servers mit, nicht mehr Ihre Daten. Damit ist Ihre Identität

verschleiert. Jeder Rechner des Tor-Netzwerks kennt nur seinen Vorgänger, nicht aber die Identitäten der Knoten davor.

→ Eine virtuelle Zwiebel

Tor steht für „The Onion Router" und verweist auf ein in vielen Lebensbereichen bekanntes Prinzip: das der Zwiebel. Eine Zwiebel besteht aus einer Vielzahl von Schichten, Sie müssen eine Schicht entfernen, um an die nächste zu kommen, dann wieder die nächste und so weiter. Das Tor-Netzwerk ist quasi eine virtuelle Zwiebel aus Servern, über die die Daten laufen.

Doch auch wenn der Tor-Browser Ihre Aktivitäten im Internet erst einmal anonymisiert, sobald Sie sich an irgendeinem Konto auf einer Webseite anmelden, ist es vorbei mit der Anonymität. Denn diese Daten schleppen Sie ja weiter mit sich herum. Achten Sie also darauf, dass Sie tatsächlich nur allgemeine Seiten aufrufen, bei denen keine Anmeldung nötig ist. Dann ist der Tor-Browser eine gute Alternative, wenn Sie auf Anonymität Wert legen. Der einzige Nachteil: Die Verbindung ist aufgrund der eingeschränkten Anzahl von Servern und der Abwicklung von Anfragen meist etwas langsamer als das Surfen über die üblichen Browser.

Rechner und Betriebssystem

Der PC oder Mac ist das Gerät, auf dem Sie die meisten Daten gespeichert haben und von dem aus Sie diese verteilen. Auch Ihr Rechner bietet eine Vielzahl von Möglichkeiten, um die Sicherheit zu erhöhen und Ihre Daten damit zu schützen.

Auch hier stehen wieder Updates an erster Stelle: Updates sind das Salz der „Sicherheitssuppe". Das gilt ganz besonders für das Be-

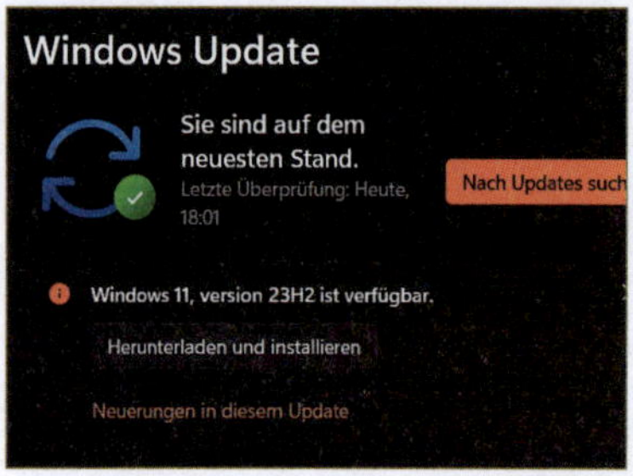

triebssystem: Ein Betriebssystem ist das komplexeste Programm, das sich auf Ihrem Rechner befindet, und es hat eine riesige Menge an Dateien im Bauch. Da kommen immer wieder Sicherheitslücken auf, die Ihre Daten gefährden. Mit Windows 11 hat Microsoft einen radikalen Schritt gemacht: Updates lassen sich nicht mehr so einfach ausschalten, nur verzögern. Allerdings sollten Sie regelmäßig nachschauen, ob die Updates auch installiert wurden:

1 Öffnen Sie die *Einstellungen* von Windows, klicken Sie dann links in der Übersicht auf *Windows Update*.

2 Wenn ein Update verfügbar ist, wird das angezeigt. Klicken Sie auf *Jetzt installieren*.

3 Zur Kontrolle können Sie beim aktuellen System auch die Schaltfläche *Nach Updates suchen* anklicken. Windows sucht dann erneut nach Updates und installiert sie nach dem Herunterladen.

So lassen Sie Updates auf dem Mac automatisch installieren:

1 Öffnen Sie die *Einstellungen* von MacOS, klicken Sie dann links in der Übersicht auf *Softwareupdate*.

2 Setzen Sie den Haken neben *Meinen Mac automatisch aktualisieren*.

3 Um ein gefundenes, aber noch nicht installiertes Update zu installieren, klicken Sie auf *Jetzt aktualisieren*.

Updates für Apps

Nicht nur das Betriebssystem selbst bekommt Updates, sondern auch die Apps, die Sie tagtäglich verwenden. Hier gibt es zwei Einstellungen, die Sie in jedem Fall vornehmen sollten.
Das Update von anderen Microsoft-Programmen (beispielsweise den Office-Programmen) finden Sie ein wenig versteckt in den Windows-Update-Einstellungen:

1 Öffnen Sie die *Einstellungen* von Windows, klicken Sie dann links in der Übersicht auf *Windows Update*.
2 Klicken Sie darin auf *Erweiterte Einstellungen*.
3 Aktivieren Sie ganz oben *Updates für andere Microsoft-Produkte erhalten*.
4 Windows lädt nun im Rahmen des normalen Windows-Updates auch alle Updates für die anderen installierten Microsoft-Programme herunter.

Beim Mac müssen Sie hingegen nichts tun. Hier wird automatisch bei der Installation der Office-Apps eine zusätzliche App namens AutoUpdate installiert, die die Aktualisierungen übernimmt. Updates für Apps aus dem Windows Store sind ein wenig anders zu betrachten: Diese kommen zwar über den von Microsoft betriebenen Store, sind aber meist nicht von Microsoft selbst. Hier aktivieren Sie die automatischen Updates für alle Apps zentral in der Windows-Store-App:
1 Starten Sie die Windows-Store-App über das Startmenü.
2 Klicken Sie auf Ihr Kontobild und im Menü auf *Einstellungen*.
3 Aktivieren Sie den Schalter *App-Updates*.

Auf dem Mac gehen Sie in den App Store, klicken Sie in der Menüleiste auf *App Store*, dann *Einstellungen* und setzen Sie den Haken neben *Automatische Updates*.
Bei allen anderen Programmen bleibt es Ihnen kaum erspart, deren Aktualität selbst und manuell zu überprüfen. Oft aktualisieren sich die Programme selbst, manchmal müssen Sie aber auch auf der Webseite des Herstellers nachsehen, ob es eine neue Version gibt. Was oft hilft: Klicken Sie im Programm in der Menüleiste unter *Hilfe* auf *Nach Updates suchen*.

Die Antivirensoftware

Wir haben zuletzt 2023 Antivirenprogramme getestet, mit einem sehr erfreulichen Gesamtergebnis: Antivirenprogramme schützen gut, oft sogar sehr gut. Daher lautet der erste Rat: Wenn Sie schon eines der von uns geprüften Programme haben und damit zufrieden sind, behalten Sie es! Denn jedes Jahr die Software zu wechseln, ist fehlerträchtig. Welche Programme wir getestet haben und alle Details zum Test erfahren Sie hier: test.de/Antivirenprogramme.
Falls Sie sich ein Antivirenprogramm neu anschaffen möchten, gibt unser Test ebenfalls Orientierung. Testsieger für Windows-Rechner sind Avast One Individual, Bitdefender und F-Secure. Für MacOS-Geräte liegen Bitdefender und F-Secure vorn.

→ Ein Antivirenprogramm gehört auf jeden Rechner!

Eine Software gegen Viren und andere Malware schützt nicht nur die Lauffähigkeit Ihres Rechners, sondern auch gleichzeitig die Dateien darauf. Viren sorgen unter anderem auch dafür, dass Dateien verändert oder gelöscht werden!

Der Windows Defender

Microsoft setzt schon seit vielen Jahren den hauseigenen Defender als vorinstallierte Antivirenlösung von Windows ein. Der Vorteil: Im Hintergrund wird die Schwarmintelligenz der Windows-Rechner verwendet. Ein Sicherheitsereignis, das auf einem Rechner stattfindet, kann Zufall sein. Bei einer Vielzahl von Rechnern lässt das eher darauf schließen, dass sich gerade eine neue Malware verbreitet, die vielleicht noch nicht alle Virenscanner erkennen.
Unser Test zeigt jedoch, dass andere Programme bessere Erkennungsraten haben. Der Windows Defender erhielt lediglich das Testurteil befriedigend, er landet damit am Ende des Testfelds. Etwas häufiger als andere Schutzprogramme meckert er unbescholtene Dateien als vermeintliche Gefahren an.

Info

Spezialfall Kaspersky Vor dem Hintergrund des Krieges in der Ukraine haben wir entschieden, für die Antivirenprogramme des russischen Anbieters Kaspersky keine Qualitätsurteile zu vergeben. Zwar hat sich nach unseren Testergebnissen an der Schutzwirkung der Programme nichts geändert. Dennoch ist nicht auszuschließen, dass die russische Regierung Druck auf den Anbieter ausübt, um Änderungen an der Software zu erreichen, die sich negativ auf deren Funktionsweise auswirken. Kaspersky hat das uns gegenüber zurückgewiesen. Das Bundesamt für Sicherheit in der Informationstechnik (BSI) warnt seit März 2022 vor Kaspersky-Produkten und rät, andere Antivirensoftware zu nutzen.

Eine Schwäche betrifft den Phishing-Schutz: Einen Phishing-Schutz integriert der Defender nur in den „hauseigenen" Browser Microsoft Edge, nicht aber in Google Chrome. Wenn Sie den Defender nutzen möchten, sollten Sie ihn daher mit Microsoft Edge kombinieren. Alternativ können Sie zum Beispiel den Browser Firefox mit integriertem Phishing-Schutz nutzen.

Vor dem Hintergrund unserer Testergebnisse ist eine separate Antivirensoftware also durchaus sinnvoll. Im Standard deaktiviert Windows den Windows Defender, wenn Sie eine separate Antivirensoftware installiert haben. Sie können ihn aber mit einigen Optionen trotzdem verwenden, Windows sorgt dann selbst dafür, dass die die anderen Programme potenziell störenden Funktionen nicht aktiviert werden:

1 Öffnen Sie die *Einstellungen* von Windows, klicken Sie dann links in der Übersicht auf *Datenschutz und Sicherheit*.

2 Klicken Sie links in der Leiste auf die Option *Viren- und Bedrohungsschutz*.

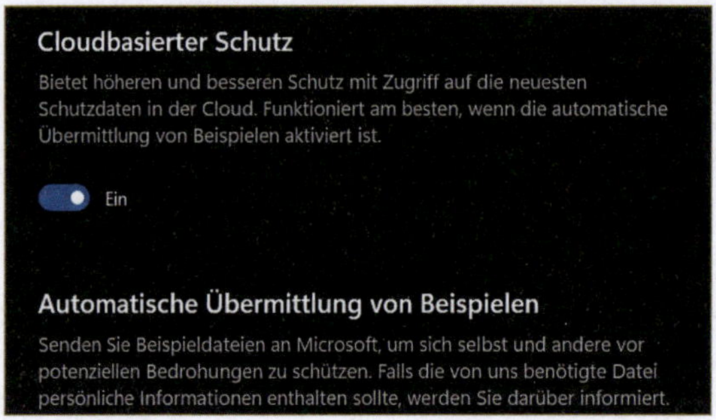

3 Klicken Sie unten auf *Microsoft Defender Antivirus-Optionen* und aktivieren Sie die *Regelmäßige Überprüfung*.

4 Sobald die Änderung aktiv ist (was einen Moment dauern kann), bestehen einige zusätzliche Optionen.

5 Klicken Sie unter *Einstellungen für den Viren- und Bedrohungsschutz* auf *Einstellungen verwalten*.

6 Aktivieren Sie den *Cloudbasierten Schutz*. Wenn Sie anderen Anwendern helfen wollen, aktivieren Sie auch die *Automatische Übermittlung von Beispielen*. Damit lädt Ihr PC infizierte Dateien zu Microsoft hoch, die dann in die Erkennung mit aufgenommen werden können.

Aktualisierung ist wichtig

Der Test zeigt: Gute Antivirenprogramme können kostenlos sein. Der kostenlose Bitdefender Antivirus Free für Windows etwa hat eine sehr gute Schutzwirkung und belastet den Rechner kaum. Wichtig hier: Beachten Sie in jedem Fall die automatisch aktualisierten Virendefinitionen, die für die Erkennung von Viren wichtig sind – meist in den Einstellungen der Antivirensoftware zu finden:

1 Öffnen Sie die Einstellungen Ihrer Antiviren-Software.

2 Klicken Sie auf *Update* (Aktualisierung).

3 Aktivieren Sie das automatische Update.

4 Für das Update-Intervall gilt: Je kürzer, desto besser. Viele Anbieter aktivieren die Tabellen sogar stündlich.

Echtzeitschutz versus Systemscan

Virenscanner haben zwei unterschiedliche Funktionsweisen: Zum einen analysieren sie Dateien, auf die Ihr Rechner aktuell zugreift, auf darin enthaltene Viren. Das ist hilfreich, hat aber auch einen Nachteil: Diese Funktion frisst eine Menge an Prozessorleistung und Festplattenaktivitäten. Aus diesem Grund beschränken sich die meisten Antivirenprogramme auf die wichtigsten Dateitypen. Zusätzlich sollten Sie regelmäßig einen vollen Systemscan durchführen lassen. Dabei werden alle Dateien sämtlicher Ordner daraufhin geprüft, ob sich darin bekannte Schadsoftware verbirgt. So werden auch Dateien erfasst, die schon lange nicht mehr genutzt wurden und die der Echtzeitscan nicht untersucht hätte.

Es bietet sich an, einen Systemscan einmal in der Woche durchlaufen zu lassen. Bewegen Sie sich in unsicheren Bereichen des Internets, schadet es nicht, wenn Sie Ihr System häufiger scannen. Denken Sie nur daran: Ein voller Systemscan kostet eine Menge Ressourcen. Das System kann währenddessen spürbar langsamer sein!

Mehr als nur Virenschutz

Die meisten Antivirenprogramme haben viel mehr Funktionen als den reinen Virenschutz:

- **eine Firewall,** die schädliche Netzwerkverbindungen erkennt und blockiert.
- **Ransomwareschutz,** der erpresserische Angriffe verhindern soll.
- **VPN-Dienste,** die integriert in die Antivirensoftware die Internetverbindung verschlüsseln.
- **eine Wallet,** in der sensible Informationen gut verschlüsselt abgelegt werden.

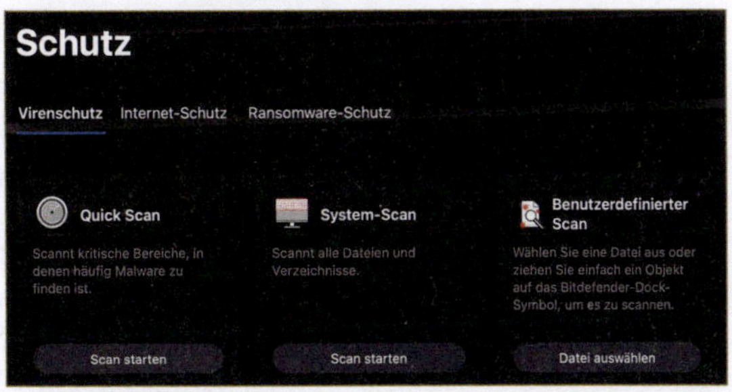

Diese Funktionen erhöhen die Sicherheit zusätzlich. Es lohnt sich deshalb, nachzusehen, was Ihnen Ihr Antivirenprogramm bietet.

Verschlüsselung als zusätzlicher Schutz

Mit all den Möglichkeiten, die Sie bisher kennengelernt haben, sollten Ihre Daten vor Fremdzugriffen gut geschützt sein. Hundertprozentige Sicherheit gibt es allerdings nie. Wenn eine Datei oder gleich ein ganzer Datenträger in falsche Hände gelangen, dann hilft es, wenn die Dateien darauf verschlüsselt sind. Wer den Schlüssel nicht hat, der kann dann damit nichts anfangen.

Passwortschutz bei Office-Dateien

So mancher Ottonormalanwender schreckt davor zurück, seine Dateien mit einer Zusatzsoftware zu verändern, sodass nur er sie noch lesen kann. Das ist aber auch gar nicht unbedingt nötig. Einen guten Schutz können Sie schon mit Windows beziehungsweise MacOS-Bordmitteln erreichen.

Es reicht ja schon, wenn der unberechtigte Verwender einer Datei nicht an ihren Inhalt kommt, weil die Datei ein Passwort abfragt. Das können Sie in den Office-Programmen unter Windows mit wenig Aufwand selbst vergeben:

1 Klicken Sie auf *Datei*, *Informationen*, *Dokument schützen*.

2 Klicken Sie dann auf *Mit Kennwort verschlüsseln*.

3 Office fragt Sie nun nach dem Passwort für das Dokument und fordert eine Passwortwiederholung zur Absicherung an.

Auf dem Mac ist das Vorgehen ein wenig anders:

1 Klicken Sie im Dokument auf die Registerkarte *Überprüfen*.

2 Klicken Sie dann rechts in der Symbolleiste auf *Schützen > Dokument schützen*.

3 Office fragt Sie nun nach dem Passwort für das Dokument und fordert eine Passwortwiederholung zur Absicherung an.

Nachdem Sie das Passwort festgelegt und die Datei gespeichert haben, kann die Datei nur noch durch Eingabe dieses Passwortes geöffnet werden. Sie sollten sich dieses Passwort daher gut merken!

Alternative: Verschlüsselte Archive

Der Passwortschutz von Dateien ist ein guter erster Schritt, aber zum einen unterstützt nicht jedes Programm das Verschlüsseln, zum anderen ist der Aufwand, für jede Datei manuell ein Passwort zu vergeben, bei vielen Dateien dann doch sehr hoch.

Vielleicht nutzen Sie mit 7-Zip (7-zip.de) oder WinZIP schon ein Programm, mit dem Sie mehrere Dateien in einer Archivdatei zusammenfassen können? Wenn nicht, dann laden Sie es sich kostenlos herunter und installieren es. Hiermit können Sie die Archive auch verschlüsseln und mit einem Passwort versehen.

1 Nach der Installation des Programms öffnen Sie den Windows Explorer und suchen die Datei(en), die Sie verschlüsseln wollen.

2 Markieren Sie diese und klicken Sie mit der rechten Maustaste darauf.

3 Es öffnet sich ein Menü. Klicken Sie darin auf *7-Zip > Zu einem Archiv hinzufügen*.

4 Wählen Sie als Archivtyp „.ZIP“, damit können so gut wie alle bekannten Programme die Datei öffnen.

5 Unter *Verschlüsselung* geben Sie jetzt das Passwort ein. Das wird verwendet, um das Archiv zu verschlüsseln.

6 Das verschlüsselte Archiv lässt sich als einzelne Datei per E-Mail oder USB-Stick an den Empfänger weitergeben. Der kann es nur öffnen, wenn er das Passwort kennt.

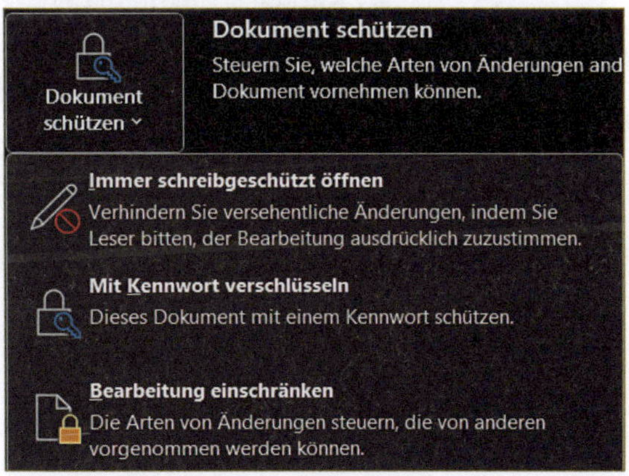

Info

Datei und Passwort trennen Wenn Sie eine abgeschlossene Aktentasche an jemanden weitergeben, dann legen Sie den Schlüssel wohl kaum ins selbe Paket. Genauso ist es bei einer verschlüsselten Datei und dem Passwort: Teilen Sie das Passwort dem Empfänger unbedingt auf einem anderen Weg mit. Statt per E-Mail beispielsweise per Messenger, SMS oder Telefon. Ein potenzieller Angreifer müsste dann beide Wege abhören.

Festplattenverschlüsselung: Bitlocker und FileVault

Was, wenn Sie den Laptop irgendwo vergessen haben oder er gestohlen wird? Er mag passwortgeschützt sein, eine Festplatte auszubauen und mit einem externen Festplattenrahmen per USB an einen anderen Rechner anzuschließen und auszulesen, ist dennoch möglich. Erfreulicherweise bieten sowohl Windows als auch MacOS schon ab Werk eine Festplattenverschlüsselung an. Diese verschlüsselt vereinfacht gesagt die interne Festplatte mit Ihren Benutzerinformationen. So geht das unter Windows:

1 Geben Sie im Suchfeld „Bitlocker" ein.
2 Klicken Sie dann in der Ergebnisliste auf *Bitlocker verwalten*.
3 Ist die Festplattenverschlüsselung nicht aktiviert, dann klicken Sie auf *Bitlocker aktivieren* und folgen Sie den Anweisungen.

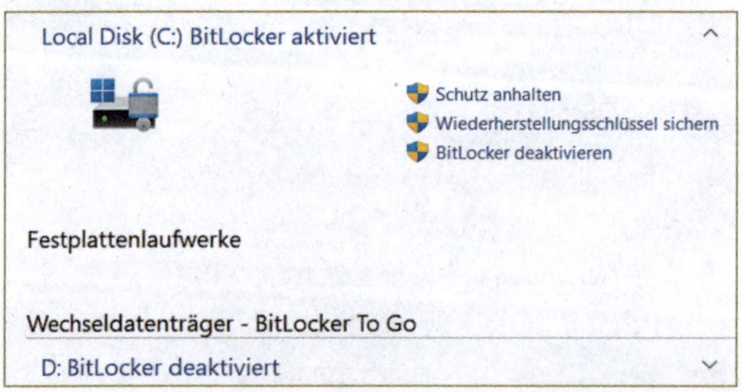

Was, wenn Sie die Festplatte doch einmal in einem anderen Rechner verwenden wollen oder müssen? Klicken Sie dazu in den Bitlocker-Einstellungen auf *Wiederherstellungsschlüssel sichern*. Das ist ein 48-stelliger Code aus Ziffern und Buchstaben, den Sie zum Entschlüsseln der Festplatte nutzen können. Drucken Sie ihn aus und bewahren ihn sicher auf oder sichern ihn auf einen USB-Stick.

Beim Mac finden Sie die Festplattenverschlüsselung, hier „File-Vault“, in den Einstellungen unter *Sicherheit und Datenschutz*:

1 Klicken Sie in der Tabzeile auf *FileVault*.

2 Klicken Sie unten auf das Schloss, um die Konfiguration freizugeben, und geben Sie dann Ihr Systempasswort ein.

3 Klicken Sie auf *FileVault aktivieren*.

4 Während des Einrichtungsprozesses können (und sollten) Sie einen Wiederherstellungsschlüssel exportieren und gut weglegen!

Und bei einem portablen Datenträger?

Wenn Sie unter Windows arbeiten und einen mobilen Datenträger nur mit Windows 10/11-Geräten austauschen wollen, dann geht das mit Bitlocker to Go:

1 Schließen Sie den USB-Datenträger an den PC an.

2 Unter Windows geben Sie im Suchfeld wieder den Begriff „Bitlocker“ ein.

3 Klicken Sie anschließend in der Ergebnisliste auf *Bitlocker verwalten*.

4 Im unteren Bildschirmbereich sehen Sie einen neuen Eintrag bei *Wechseldatenträger*.

5 Klicken Sie auf *Bitlocker aktivieren*.

6 Der weitere Prozess ist identisch zur Verschlüsselung der internen Festplatte.

Alternative: VeraCrypt

Wenn all die systemseitigen Verschlüsselungsprogramme und -mechanismen nicht funktionieren, dann ist vielleicht VeraCrypt (veracrypt.fr/en/Downloads.html) eine Alternative: Die Software für Windows und MacOS erlaubt das einfache Verschlüsseln von Dateien bis hin zu ganzen Datenträgern.

Wichtig hier wie bei jedem Sicherheitstool aus dem Internet: Laden Sie es nur direkt von der Herstellerseite herunter. So vermeiden Sie eine unsichere oder modifizierte Version!

Wolkenschlösser: Die Cloud

Lokale Speicherung ist für viele Anwender nach wie vor Standard: Ihre Dateien liegen sicher und warm auf der Festplatte Ihres PCs oder Macs. Sie haben nahezu die volle Kontrolle über die Dateien. Doch es gibt Situationen, da ist die Cloud ein Segen: Etwa wenn der Laptop geklaut wird, auf dem sich die fast fertige Abschlussarbeit befindet. Und Clouddienste bieten noch mehr: Sie ermöglichen es, Daten mit Freunden zu teilen – und sie legen Kopien an für den Fall, dass die Originale mal verloren gehen.

Clouddienstleister versus Netzwerkfestplatte

Eine Alternative zu den von Fremdanbietern betriebenen Clouddiensten sind Netzwerkfestplatten, auch NAS (Network Attached Storage) genannt. Diese „privaten Clouds" bieten viele der Funktionen der Cloud: Das Teilen der Dateien mit anderen Anwendern, die Funktion als Sicherungsmedium und die Verfügbarkeit der Daten. Dabei ist zu bedenken: Die Einrichtung wird zwar von Assistenten unterstützt, ist aber technisch trotzdem nicht trivial. Clouddienste dagegen sind einfacher zu bedienen: Sie legen einen Account an und können direkt mit dem Hochladen Ihrer Daten anfangen. Die einfache Handhabung ist der größte Vorteil der Dienste gegenüber den Netzwerkfestplatten (mehr über NAS ab Seite 145).
Natürlich haben Clouddienste auch Nachteile: Zunächst einmal sind sie Vertrauenssache. Denn Sie legen Ihre Dateien in die Hände

von Konzernen. Wenn sie nicht verschlüsselt sind, wären die Anbieter technisch meist in der Lage, sie einzusehen.

→ Nicht ideal bei großen Datenmengen

Für große Datenmengen, etwa komplette Backups der heimischen Festplatte, sind die Dienste nicht besonders geeignet, da der Upload viel Zeit in Anspruch nehmen würde und bei dauerhafter Speicherung großer Datenvolumen eventuell höhere Kosten anfallen. Zudem sollten Sie sich bewusst sein, dass die Rechenzentren der Cloudanbieter viel Energie verschlingen.

Welcher Cloudservice ist am besten geeignet?

Cloudservices gibt es viele, da kann die Auswahl mitunter schwer fallen. Wir haben zuletzt im Herbst 2023 neun Cloudspeicherdienste getestet (test.de/cloud), mit folgenden Ergebnissen:

- **Apple iCloud Plus:** Wer ein iPhone, iPad oder einen Mac benutzt, der hat iCloud automatisch mit installiert. Mit der Plus-Variante können Sie deutlich mehr Daten ablegen, für 10 Euro im Monat beispielsweise 2 Terabyte. Allerdings ist iCloud recht langsam und hat Mängel in Datenschutzerklärung und AGB.
- **Dropbox Plus:** Dropbox ist über Betriebssystemgrenzen hinweg verbreitet und greift auf die Daten sehr schnell zu. 2GB Speicher sind kostenlos, die kostenpflichtigen Pläne beginnen bei 12 Euro im Monat. Aber: Mängel in AGB und Datenschutzerklärung!
- **GMX 1 TB:** GMX bietet nicht nur E-Mail-Postfächer, sondern auch Cloudspeicher, allerdings sehr langsamen. Dafür stehen die Server in Deutschland und nicht im Ausland. Entsprechend sind Datenschutzerklärung und AGB auch nahezu mangelfrei.
- **Google One Premium:** Mit 15 Gigabyte bietet der Google-Cloudspeicher das größte Freikontingent. Die Synchronisation ist – außer bei Bilddateien – sehr schnell, und viele Zusatzfunktionen wie die automatische Versionierung von Dateien können überzeugen. Die Datenschutzerklärung ist allerdings leider mangelhaft,

Google One erhebt aber sehr wenige personenbezogene Daten. Die größeren Speicherkontingente beginnen ab 10 Euro im Monat.

- **Livedrive Briefcase:** Im Gegensatz zu den anderen Testkandidaten hat LiveDrive keinen kostenlosen Basisspeicher und ist bei der Synchronisation unzuverlässig und langsam. Auch die Datenschutzerklärung ist mangelhaft. Kostenpunkt: 10 Euro pro Monat.
- **Microsoft OneDrive:** OneDrive ist seit vielen Jahren fester Bestandteil von Windows, und das merkt man dem Dienst auch an: Automatische Integration in Windows und Office, schnelle Erstsynchronisation (dafür eher behäbige Synchronisation im laufenden Betrieb). Kostenlos sind 5 Gigabyte in der Gratisversion, die ab 7 Euro im Monat um Speicherplatz erweitert werden kann.
- **pCloud Premium Plus 2 TB:** Die Synchronisation trüben Mängel in der Datenschutzerklärung und Datenweitergabe zum Beispiel an Facebook deutlich.
- **Strato HiDrive Basic:** Strato als Hoster stellt Speicher auch im eigenen Cloudservice zur Verfügung, mit 7,50 Euro im Monat als günstigster getesteter europäischer Anbieter. Auch in AGB und Datenschutzerklärung gibt es wenig zu bemängeln.
- **Telekom Magenta Cloud XL:** Von den europäischen Anbietern der vielseitigste und mit dem breitesten Funktionsumfang. Ein deutlicher Nachteil: Die Magenta Cloud unterstützt keine Multi-Faktor-Authentifizierung. Bei größerem Speicherbedarf als den kostenlosen 3 GB kostet ein Abo monatlich 9,95 Euro.

Insgesamt zeigt der Test, dass Google die Konkurrenz schlägt und sogar einen 15-Gigabyte großen Gratisspeicher anbietet. Leider hat Google deutliche Mängel in der Datenschutzerklärung. Deutsche Anbieter wie Strato oder die Telekom können eine Alternative sein.

Einrichten der Synchronisation

Eigentlich ist die Cloud gar nicht als separater Speicherort für Ihre Daten gedacht, auf die Sie dann über eine Internetverbindung zu-

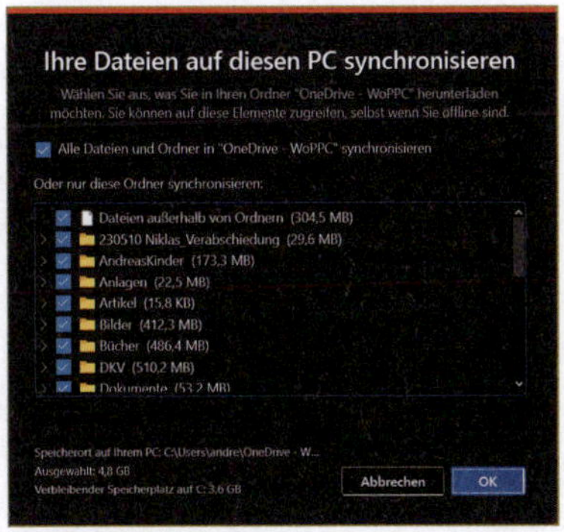

greifen. Die Idee hinter der Cloud ist vielmehr: Die Daten liegen auf einem Server des Betreibers, auf all Ihren Geräten installieren Sie eine entsprechende App, die entweder die Daten auf Ihren PC herunterkopiert oder vom PC auf den Cloudserver hochlädt. Um den Datentransfer brauchen Sie sich nicht aktiv kümmern. Ausschlaggebend ist, welche Version einer Datei die jeweils aktuellste ist. Dieser Vorgang, die Synchronisation, stellt sicher, dass auf allen Geräten immer der gleiche Stand der Dateien verfügbar ist. Die Konfiguration ist bei den meisten Diensten ähnlich.

1 Sie benötigen die App Ihres Clouddienstes. Diese ist entweder (wie bei OneDrive oder iCloud) bereits auf Ihrem Computer installiert und erinnert Sie in regelmäßigen Abständen daran, dass Sie sie einrichten sollen, oder Sie laden sie einfach von der Anbieterwebseite des Clouddienstes herunter.

2 Während der Installation werden Sie aufgefordert, sich bei Ihrem Cloudkonto anzumelden. Gemeint ist das Microsoft-Konto für OneDrive, das Microsoft-365-Konto für OneDrive for Business, der Google- oder Dropbox-Account und so weiter.

3 Nach der Einrichtung der Synchronisation zeigt Ihnen Windows im Explorer das Cloudkonto als eigenen Speicherort an.

4 Nach einem ersten Synchronisationsvorgang haben Sie identische Kopien in der Cloud und auf dem Rechner.

5 Ändern Sie eine Datei auf einem der Geräte, dauert es nicht lange, bis die Änderung auch auf allen anderen Geräten sichtbar ist.

Teilen von Dateien aus der Cloud

Speichern Sie Ihre Dateien in der Cloud, dann hat das nicht nur den Vorteil, dass die Dateien darin überall und immer verfügbar sind. Auch in der Zusammenarbeit mit anderen bietet die Cloud eine sehr nützliche Hilfestellung. Aus jedem Cloudspeicher können Sie

Info

Dateien bei Bedarf Manchmal ist der Grund für die Nutzung eines Clouddienstes nicht nur die gewünschte Datenverfügbarkeit, sondern auch knapper Speicherplatz auf der internen Festplatte. Dann bietet es sich an, die Funktion „Dateien bei Bedarf" zu aktivieren, die die meisten Synchronisationsprogramme der Clouddienste in den Einstellungen anbieten. Damit werden die Dateien nicht direkt vom Clouddienst heruntergeladen, sondern nur Platzhalter. Sie sehen also, welche Dateien sich in der Cloud befinden, sie nehmen aber kaum Speicherplatz weg. Erst wenn Sie sie zum Bearbeiten öffnen, werden sie heruntergeladen und benötigen dann ihren vollen Speicherplatz.

Dateien teilen und anderen Anwendern zum Lesen und bearbeiten zur Verfügung stellen.

1 Melden Sie sich auf der Website Ihres Clouddienstes an.

2 Markieren Sie die zu teilenden Ordner oder Dateien, indem Sie links neben deren Namen klicken und einen Haken setzen.

3 Klicken Sie auf *die drei Punkte* rechts und danach auf *Teilen*.

4 Hier haben Sie noch einmal Zugriff auf den Link zur Freigabe und können Veränderungen an der Art der Freigabe vornehmen.

5 Bei Fotos etwa sollten Sie den Haken bei *Bearbeitung zulassen* entfernen, ein reiner Lesezugriff reicht vollkommen aus.

6 Nach Eingabe der E-Mail-Adresse des Eingeladenen wird automatisch eine E-Mail mit einem Link an den Empfänger versendet. Über diesen Link kann er dann auf die Dateien zugreifen.

Beenden und Kontrollieren von Freigaben

Freigaben sind oft nur temporär gedacht. Sie wollen in einem Projekt einen Kollegen mitarbeiten lassen, der beste Freund soll die Hochzeitseinladung gegenlesen und so weiter. Danach wollen Sie den Zugriff wieder entfernen. Das geht so:

1 Rufen Sie die Webseite Ihres Clouddienstes auf und melden Sie sich mit Ihren Kontoinformationen an.

2 Markieren Sie die zu teilenden Ordner oder Dateien, indem Sie links neben deren Namen klicken und einen Haken setzen.

3 Klicken Sie auf *die drei Punkte* neben dem Namen, dann auf *Zugriff verwalten*. OneDrive zeigt Ihnen alle Freigaben an.

4 Klicken Sie auf *die drei Punkte* neben einer Freigabe, dann sehen Sie alle Benutzer, die diese nutzen können. Ein Klick auf das *Kreuz* neben einem Benutzer löscht dessen Freigaben.

Versionsverlauf

Viele Clouddienste – so auch Microsofts OneDrive – bieten einen sogenannten Versionsverlauf. Das ist ein interner Mechanismus, bei dem die Änderungen in Dateien aufgezeichnet werden. Für jede neu synchronisierte Version haben Sie dann die Möglichkeit, den früheren Zustand der Datei wiederherzustellen. Sie haben versehentlich einen wichtigen Teil gelöscht oder unpassende Änderungen vorgenommen? Dann stellen Sie die alte Version wieder her!

1 Rufen Sie Internetseite Ihres Clouddienstes auf und melden Sie sich mit Ihren Kontoinformationen an.

2 Markieren Sie den Ordner oder die Datei, von der Sie den Versionsverlauf sehen wollen, indem Sie links neben deren Namen klicken und einen Haken setzen.

3 Klicken Sie auf *die drei Punkte* neben der Datei und dann im sich öffnenden Menü auf *Versionsverlauf*.

4 Für die Wiederherstellung einer Version ist es hilfreich, wenn Sie ungefähr wissen, wann diese noch intakt war: Suchen Sie sich eine Datei heraus, klicken Sie auf *die drei Punkte* zwischen der Versionsnummer (automatisch vergeben) und dem Zeitstempel.

5 Klicken Sie auf *Herunterladen*, um diese Version anzusehen und zu prüfen, dass es die richtige ist. Klicken Sie auf *Wiederherstellen*, um sie zur aktuellen Version zu machen. Die vorherige wird so zur zweitaktuellsten im Versionsverlauf und ist nicht verloren.

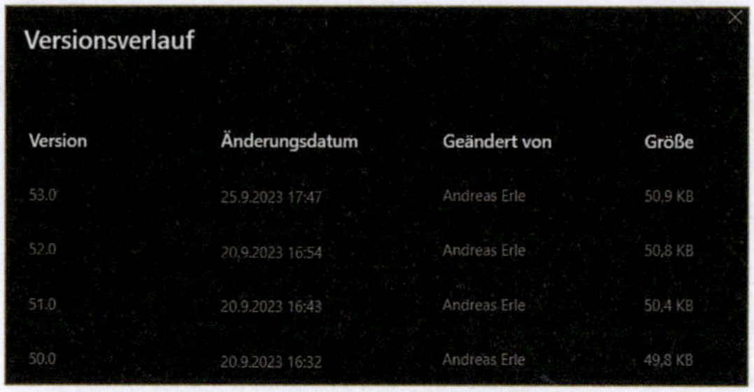

Papierkorb

Ein weiteres Risiko bei der Nutzung von Clouddiensten ist das Löschen von Dateien: Auf einem Gerät gelöscht, wird die Datei überall sonst auch gelöscht. Für einige Zeit haben Sie aber auch hier noch eine Sicherung: den Papierkorb auf dem Cloudserver. Um daraus eine Datei wiederherzustellen, gehen Sie wie im Folgenden beschrieben vor:

1 Rufen Sie Webseite Ihres Clouddienstes auf und melden Sie sich mit Ihren Kontoinformationen an.

2 Suchen Sie links in der Liste den Ordner *Papierkorb* und klicken Sie darauf.

3 Markieren Sie die Datei, die Sie vor der Löschung retten wollen, mit einem Klick, dann klicken Sie darüber auf *Wiederherstellen*.

Netzwerkfestplatten als Backup-Medium

Netzwerkspeicher – oft „NAS“ genannt („network-attached storage“) – hängen am heimischen Router und dienen im lokalen Netzwerk als zentraler Speicher für Musik, Fotos, Videos und Dokumente jeglicher Art. Die Konfiguration ist für den Normalanwender mithilfe der entsprechenden Einrichtungsdialoge durchaus machbar und die Datensicherung mittels der entsprechenden Synchronisationssoftware (siehe Seite 147) dann nur noch ein weiterer Schritt.

Einfache oder doppelte Sicherheit?

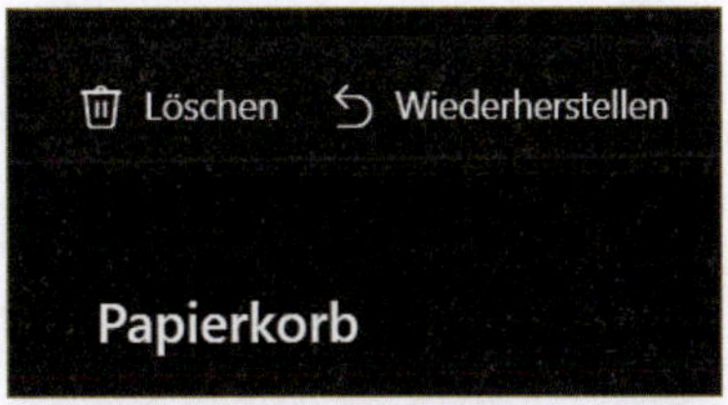

Die NAS-Systeme verschiedener Hersteller unterscheiden sich in ihren Grundfunktionen nur an wenigen Stellen. Ein Faktor aber hat einen spürbaren Einfluss auf die Sicherheit: Die einfachen NAS-Systeme verwenden eine einzige Festplatte, höherwertige Systeme gleich zwei oder vier Datenträger. Damit können Sie zwar auch die Speicherkapazität Ihres NAS erhöhen, häufiger werden die zusätzlichen Festplatten aber für Sicherheitskopien verwendet. Die Daten werden gespiegelt, sodass sie beim Ausfall eines Datenträgers immer noch vorhanden sind – ein Backup fürs Backup sozusagen.

Verbinden des NAS mit heimischem PC oder Mac

Vereinfacht gesagt sind Netzwerkfestplatten kleine Server, die ein eigenes Betriebssystem und eine eigene Konfigurationsoberfläche haben. Über einen Webbrowser rufen Sie diese auf und richten dann alle Funktionen ein. Was hilft es Ihnen aber, wenn Sie Ihre Datensicherungen auf der Netzwerkfestplatte ablegen wollen? Dazu müssen diese als Laufwerk im Explorer oder Finder vorhanden sein. Das geht entweder über die Apps der Hersteller oder mit Bordmitteln.

Am Beispiel der QNAP-NAS:

1 Installieren Sie das kostenlose Tool QFinder von der Herstellerwebseite. Dieses wird für Windows und MacOS angeboten.

2 Nach der Installation durchsucht es das Netzwerk nach verfügbaren NAS und zeigt diese in einer Übersicht an.

3 Klicken Sie das gewünschte NAS einmal mit der rechten Maustaste an, dann auf *Netzlaufwerk verbinden* und auf *OK*.

4 Jetzt müssen Sie sich mit Ihren NAS-Benutzerdaten anmelden.

5 Aus der Liste der NAS-Freigaben wählen Sie jetzt die aus, die Sie als Laufwerk im Explorer beziehungsweise Finder verfügbar haben wollen.

Zum Einbinden mit Windows-Bordmitteln reicht der Explorer:

1 Öffnen Sie den Explorer und klicken Sie links in der Ordnerliste auf *Dieser PC*.

2 Klicken Sie im Kontextmenü auf *Netzlaufwerk verbinden*.

3 Wählen Sie unter *Laufwerk* den Laufwerksbuchstaben an, Windows stellt Ihnen nur freie Bezeichnungen zur Verfügung.

4 Klicken Sie neben *Ordner* auf *Durchsuchen*.

5 Windows zeigt Ihnen alle Server und NAS an. Klicken Sie sich bis zur gewünschten Freigabe durch und dann auf *OK*, um diese zu verbinden.

In beiden Fällen steht Ihnen danach in neues Laufwerk zur Verfügung, das Sie für die Datensicherung verwenden können. Die einzigen Voraussetzungen: Das NAS muss laufen und mit dem Netzwerk verbunden sein, genauso wie Ihr Rechner, mit dem Sie darauf zugreifen wollen.

Das NAS als Cloudserver

Sie können Ihr NAS als persönliche Cloud nutzen, auf die Sie von überall zugreifen können. Den Fernzugriff richten Sie über eine Konfigurationsoberfläche ein, die über den Webbrowser zu öffnen ist. Welche Adresse Anwen-

der dafür eingeben müssen, steht in der Anleitung. Im Konfigurationsmenü legen Sie etwa einen Benutzernamen und ein Kennwort fest, mit dem Sie sich später aus der Ferne an Ihrem NAS anmelden können. Bei QNAP beispielsweise ist Ihr NAS dann unter einer festen Internetadresse erreichbar: Wenn Ihr NAS „Snape" heißt, erreichen Sie es nach der Konfiguration unter „snape.myqnapcloud.com" von jedem Rechner, der eine Internetverbindung hat.
Für den Zugriff vom Smartphone stellen die Anbieter in der Regel Apps bereit, teilweise sogar gleich mehrere, je nach Einsatzzweck; zum Beispiel um auf Fotos oder Videos zuzugreifen.

Backups richtig erstellen

Sie haben Ihre Daten digitalisiert, sortiert, geschützt und richtig abgelegt. Das alles nützt Ihnen nichts, wenn die Daten durch ein unvorhergesehenes Ereignis gelöscht werden. Regelmäßige und automatische Datensicherungen sind die Lösung.
Wichtig bei der Datensicherung ist die Wahl des richtigen Sicherungsortes. Dieser sollte möglichst nicht da sein, wo der Rechner mit den zu sichernden Daten steht. Das würde ja das Risiko mit sich bringen, dass der Grund für den Datenverlust auch das Backup trifft. Der Dieb nimmt nicht nur den PC, sondern auch die daran angeschlossenen Festplatten mit. Zwei Alternativen bleiben:

- **Externer Datenträger:** Sichern Sie Ihre Daten auf einer externen Festplatte, SSD, einem USB-Stick oder etwas Ähnlichem, entfernen Sie diesen Datenträger anschließend und lagern ihn woanders.
- **Cloud oder NAS:** Sichern Sie die Daten auf einem Sicherungslaufwerk an einem anderen Ort, beispielsweise einem Clouddienst oder Netzwerklaufwerk, das nicht auf Ihrem Schreibtisch steht.

Reicht ein Backup?

Ist ein einziges Backup überhaupt sicher genug? Das lässt sich nicht pauschal beantworten. Haben Sie nur ein Backup-Laufwerk, besteht natürlich immer das Risiko, dass dieses – wenn Sie es dann benötigen – nicht verfügbar ist oder das Laufwerk nicht funktioniert. Das mag für unwichtigere Daten verschmerzbar sein, für wirklich Wichtiges aber nicht. Darum: Abhängig vom Wert, den Sie Ihren Daten beimessen, machen Sie zusätzlich Backups Ihrer Backups und legen Sie diese an anderen Orten ab.

► **Bei externer Festplatte:** Sichern Sie auf einer externen Festplatte, machen Sie entweder regelmäßig Kopien oder sichern Sie sie zusätzlich auf einem Cloud- oder Netzwerklaufwerk.

► **Mehr als ein NAS:** Verwenden Sie mehr als ein NAS, nutzen Sie die Apps der Hersteller, die Backups von Daten von einem NAS zum anderen oder von Clouddiensten zum NAS erlauben.

Backup von Hand

Sie arbeiten eher selten am Rechner und verwalten nur ein paar wenige wichtige Dateien? Dann sichern Sie diese einfach per Kopie auf einem externen Speichermedium. Dafür schließen Sie eine externe Festplatte oder einen USB-Stick an den Rechner an und legen darauf einen Ordner mit sprechendem Namen an, zum Beispiel „Sicherung_Stand_Januar_2024“. Schieben Sie Dateien, die Sie sichern möchten, in diesen Ordner. Ist alles kopiert, werfen Sie das Speichermedium aus und stöpseln es ab.

► **Vorteil:** Die Methode ist unkompliziert und bedarf keines großen Vorwissens.

► **Nachteil:** Die Methode ist nur geeignet, wenn Sie wenige Dateien verwalten und immer im Kopf haben, welche Daten seit der vergangenen Sicherung dazugekommen sind. Möchten Sie viele Dateien aus verschiedenen Unterverzeichnissen sichern, wird das schnell unübersichtlich. Dann nutzen Sie besser die Bordmittel des Computers, seine Automatik ist weniger fehleranfällig.

Automatisches Backup mit Bordmitteln

Reicht Ihnen ein schlichtes Backup ohne viele individuelle Einstellungen, nutzen Sie einfach die ins Betriebssystem Ihres Rechners integrierte Backup-Funktion. Bei Windows heißt sie „Sicherung" und ist in den Einstellungen unter „Update und Sicherheit" zu finden. Bei Apple-Computern mit MacOS heißt das integrierte Backup-Programm „Time Machine". Es lässt sich etwa über die Einstellungen aufrufen und aktivieren. Die Software sichert die Daten regelmäßig auf einer externen Festplatte.

- **Vorteil:** Die Backup-Funktion übernimmt die lästige Arbeit und führt die Sicherung selbstständig und automatisch durch. Nach dem ersten Backup aller Daten werden mit jeder neuen Sicherung nur noch neu hinzugekommene Daten ergänzt, ohne dass Sie selbst den Überblick behalten müssen. Auf Wunsch können Sie Dateien auch in verschiedenen Versionen sichern. So bleiben unterschiedliche Bearbeitungsstände einer Datei erhalten. Im Falle eines Systemausfalls lassen sich nicht nur Dokumente, sondern auch das Betriebssystem und sämtliche Einstellungen wiederherstellen.
- **Nachteil:** Die erste Sicherung kann sehr lange dauern – je nach Umfang der Daten viele Stunden. Während der Rechner das Backup erstellt, kann er langsam werden. Folge-Backups gehen schneller.

Automatisches Backup mit Sicherungssoftware

Sie wollen Ihren kompletten Datenbestand regelmäßig sichern und auch Ihr Betriebssystem und die Einstellungen? Dann kann eine automatisierte Datensicherungssoftware den Aufwand senken. 2021 haben wir entsprechende Programme getestet. Testsieger sowohl für Windows als auch für Mac-Rechner war damals das kostenpflichtige Programm Acronis True Image 2021 Essential. Für Windows gibt es eine gute kostenlose Alternative: Paragon Backup

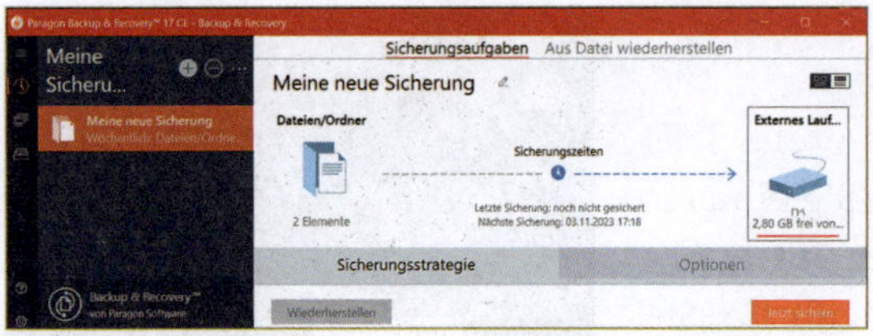

& Recovery Community Edition (mehr unter: test.de/Backup).

Egal welche Backup-Software Sie nutzen, die Einrichtung eines automatischen Sicherungsjobs erfordert immer dieselben Angaben:

1 Legen Sie die Quelldaten fest. Die Programme zeigen Ihnen die lokalen Datenträger in einer Ansicht an, die dem Windows Explorer sehr ähnelt. Wählen Sie die zu sichernden Verzeichnisse aus. Befinden sich diese auf unterschiedlichen Laufwerken, müssen Sie womöglich separate Sicherungsjobs je Laufwerk anlegen.

2 Legen Sie fest, wohin die Daten gesichert werden sollen. Dabei müssen externe Festplatten bereits angeschlossen, Netzwerklaufwerke verbunden sein.

3 Legen Sie im nächsten Schritt die Backup-Häufigkeit fest. Was hier sinnvoll ist, hängt stark davon ab, wie oft Sie Daten verändern oder neue Dateien anlegen. In den meisten Fällen reicht ein Backup in der Woche aus, aber prüfen Sie dies anhand Ihrer eigenen Arbeitsweise!

4 Normalerweise wird als Erstes ein Vollbackup gemacht, also alle Dateien gesichert. Das dauert einige Zeit. Danach wird ein inkrementelles Backup gemacht, es werden also nur neue und geänderte

Info

Smartphone nicht vergessen! Idealerweise verwenden Sie einen Clouddienst für die Speicherung der Daten auf Ihrem Smartphone. Dann haben Sie ein Backup inklusive und können ein zweites Backup von der Cloud auf ein NAS oder eine externe Festplatte durchführen. Wenn nicht: Sichern Sie die Daten über ein Kabel auf den PC oder Mac und von dort auf einen externen Datenträger!

Dateien gesichert. Das geht deutlich schneller.

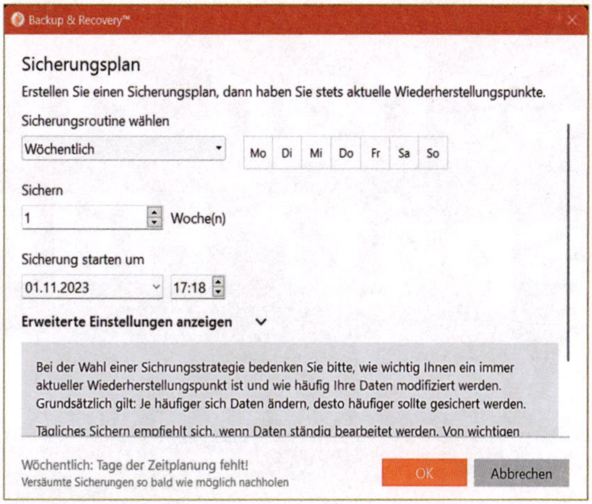

Backup – war´s das?

So mancher Anwender hat sich auf der Tatsache ausgeruht, dass er ja regelmäßig Backup-Programme laufen lässt. Was nicht aufgefallen ist: Die Software war falsch konfiguriert, nur ein Teil der Dateien wurde gesichert oder eine Fehlermeldung der Software wurde übersehen. Und als dann das Backup dringend gebraucht wurde, waren die Daten eben nicht (mehr) da. Daher:

- **Backups kontrollieren:** Überprüfen Sie Ihre Backups regelmäßig. Nicht nur anhand der Erfolgsmeldungen Ihrer Backup-Software, sondern auch durch Zugriff auf das Backup und Stichprobenkontrolle, ob die Daten vorhanden sind.
- **Festplatten anschließen:** Nutzen Sie externe Festplatten oder SSDs als Backup-Medium, schließen Sie diese regelmäßig an Ihren PC oder Mac an und greifen Sie darauf zu. SSDs können mit der Zeit ihre Ladung verlieren, Festplatten einen Lagerschaden bekommen.
- **Mehrere Datenträger:** Zusätzliche Sicherheit entsteht, wenn Sie die Backup-Daten regelmäßig von einem auf einen zweiten Datenträger kopieren (und beim nächsten Mal die beiden Datenträger vertauschen).

Schon zu spät? Hilfe im Verlustfall

Sie wissen nun, was Sie tun können, um Ihre Daten bestmöglich zu schützen. Was aber, wenn es schon zu spät ist? Oder wenn trotz aller Schutzmaßnahmen doch etwas schiefgeht? Eine Festplatte ist defekt, die Aktentasche verloren, kurz: Ihre Daten – und vielleicht mehr – sind weg. Das Wichtigste: Geraten Sie nicht in Panik! Auch jetzt können Sie noch einiges tun, um Ihre Daten zu retten.

Verlorene Daten retten

Hilfe, die Daten sind weg! Häufig liegt das daran, dass Sie Daten versehentlich gelöscht haben oder dass diese durch einen Datenträgerdefekt nicht mehr verfügbar sind. Nun geht es darum, die Dateien schnell wieder verfügbar zu machen, sprich: die Daten irgendwie zu retten. Wie kann das gelingen?

Wiederherstellung aus einem Backup

Wenn Sie bereits regelmäßig Backups angelegt haben, können Sie zunächst einmal tief durchatmen. Wahrscheinlich können Sie Ihre Daten wiederbekommen. Aber bevor Sie jetzt direkt ein Backup einspielen, sollten Sie ein paar Vorbereitungen treffen:

- **Das richtige Backup:** Wenn Sie mehrere Backups gemacht haben, dann verschaffen Sie sich einen Überblick und suchen Sie sich den aktuellen Stand heraus.
- **USB-Anschluss testen:** Haben Sie die Möglichkeit, probieren Sie den USB-Anschluss Ihres Rechners mit einem andren USB-Stick aus, um sicherzustellen, dass dieser funktioniert.
- **Virenscan:** Führen Sie einen aktuellen Virenscan auf Ihrem Rechner durch. Denn sollte Virenbefall Ursache des Datenverlusts sein, wäre es denkbar ungünstig, Sie würden den Virus auf den Backup-Datenträger spielen und eventuell auch das Backup verlieren.
- **Erst noch ein Backup:** Wenn Sie auf Nummer sicher gehen wollen, machen Sie von den Dateien, die Sie mit dem Backup überschreiben, vorher ein Backup. Oft passiert es, dass manche Dateien auf der Festplatte aktueller waren als die im Backup.

Um das Backup wieder einzuspielen, nutzen Sie die Wiederherstellungsfunktion Ihrer Backup-Software oder kopieren Sie die Dateien aus Ihrem manuellen Backup wieder zurück auf die Festplatte.

Datenwiederherstellung ohne Backup

In Notlagen versprechen Datenrettungsprogramme Hilfe: Sie sollen verloren gegangene Dateien wiederherstellen – von internen Laufwerken ebenso wie von externen Medien wie USB-Sticks oder Speicherkarten. Verlassen Sie sich nicht darauf, aber verlieren Sie auch nicht den Mut. Je schneller Sie den Datenverlust bemerken, desto eher haben Sie eine Chance, Dateien zu retten.

→ Gelöscht ist nicht immer verloren

Es klingt unlogisch: Sie löschen Daten oder formatieren einen Datenträger, und trotzdem können Sie die Daten noch lesen? Der Grund: Die Betriebssysteme überschreiben die Speicherbereiche erst, wenn sie den Platz brauchen. Vorher befinden sich die Daten immer noch auf dem Datenträger.

Wenn Sie sich noch keine entsprechende Software angeschafft haben, ist es sinnvoll, beispielsweise mit dem kostenlosen PC Inspector File Recovery (pcinspector.de) zu starten. Der stellt die meisten Dateien wieder her, egal ob Sie Dateien gelöscht oder einen Datenträger formatiert haben. Mit einer Einschränkung – wie die meisten Konkurrenzprodukte auch: Bei Festplatten funktioniert die Wiederherstellung, bei SSDs nicht.
Für SSDs empfiehlt sich eine Software wie der EaseUS Data Recovery Wizard Pro (easeus.de), der allerdings mit einer Jahresgebühr von 79 Euro oder einer unbefristeten Lizenz von 175 Euro nicht gerade günstig ist. Für eine einmalige Wiederherstellung im Noteinsatz ist es eventuell auch möglich, die bei den meisten Programmen verfügbare kostenlose Demoversion zu nutzen, der Date Recovery Wizard Pro schaffte es in unserem Test, bis zu 500 Megaby-

te auf einem Windows-Rechner zu retten. Getestet haben wir die Wiederherstellungssoftware zuletzt Anfang 2021 (test.de, Suchwörter: „Datenrettungssoftware im Test"). Die Wiederherstellung funktioniert bei all diesen Programmen ähnlich:

1 Starten Sie die Software und lassen Sie den Datenträger durchsuchen, auf dem sich die Datei(en) vor dem Löschen befanden. Der Suchvorgang kann je nach Größe des Datenträgers und Zahl der gelöschten Dateien eine Zeit dauern.
2 In der Liste der Dateien suchen Sie sich durch Markieren diejenige(n) heraus, die Sie wiederherstellen wollen.
3 Starten Sie die Wiederherstellung der Dateien, manche Programme fragen dazu noch das Laufwerk/Verzeichnis ab, in das die wiederhergestellten Dateien geschrieben werden sollen.
4 Die Software tut nun alles, um die Dateien wiederherzustellen.

Datenrettungsprogramme ersetzen keine regelmäßigen Sicherheitskopien. Sie können helfen, einzelne Dateien zu retten, von denen man noch kein Backup hat. Zum einen weil die Rettungsversuche nicht immer Erfolg haben. Hinzu kommt, dass diese Versuche oft mühselig sind. Die wiederhergestellten Dateien sind häufig schwierig zuzuordnen, da ihre Namen sich meist geändert haben.

Datenverlust an Fremde

Noch unangenehmer ist es, wenn Sie die Daten außerhalb Ihres eigenen Einflussbereichs verloren haben: Ein Hacker hat Ihre Passwörter entwendet, Sie haben eine Tasche mit Laptop, USB-Stick oder dem Portemonnaie verloren … Doch das Schlimmste, was Sie dann tun können, ist, in Panik zu geraten.

In einer solchen Situation ist die Wiederherstellung von Daten eher nachgelagert, möglicher Schaden muss abgewendet werden. Der kann durch die digitalen Daten entstehen, aber auch durch Papierdokumente, Bankkarten und andere Dinge.

→ Um welche Daten geht es?

Der erste Schritt ist also die Analyse: Was haben Sie wirklich verloren? Oder besser: Was könnten Sie verloren haben? Denn gerade, wenn eine ganze Tasche wegkommt, wissen Sie möglicherweise nicht so genau, was da eigentlich alles drin war!

USB-Sticks und Festplatten

Grundsätzlich können Sie wenig tun bei Verlust eines USB-Sticks oder einer Festplatte. Waren die Daten nicht verschlüsselt oder mit einem Passwort geschützt, dann sind diese für den neuen Besitzer frei verwendbar. Überlegen Sie sich, welche Daten betroffen sind:

- **Passwörter:** Waren Passwörter auf dem Datenträger enthalten, ändern Sie diese sofort auf den Seiten der Dienste und Anbieter. Kompromittierte Passwörter sind der erste Weg zum Identitätsdiebstahl, mehr dazu gleich ab Seite 156.
- **Andere informieren:** Waren Daten von anderen Personen enthalten, dann informieren Sie diese schnellstmöglich.
- **Wachsam sein:** Seien Sie besonders umsichtig, wenn Sie nun dubiose E-Mails erhalten: Vorsicht Phishing-Angriffe!

Gleichzeitig sollten Sie natürlich alles Erdenkliche versuchen, um die verlorenen Gegenstände wiederzubekommen. Ein Gang zum Verkehrsunternehmen, Hotel oder dem nahe gelegenen Fundbüro kann helfen. Doch auch wenn Sie Ihre Daten auf diesem Wege wiederbekommen, ist es sehr sinnvoll, alle betroffenen Passwörter zu ändern und weiterhin wachsam zu sein. Denn womöglich war der ehrliche Finder in der Zwischenzeit doch etwas neugierig?

Der ganze Rechner ist weg?

Das klingt schlimmer als ein verlorener USB-Stick, ist aber in Wahrheit oft weniger kritisch. Wenn Sie Ihren Rechner durch gute Passwörter und Verschlüsselung geschützt haben, dann ist der Aufwand, an Ihre Daten zu kommen, schon sehr hoch.
Außerdem: Sowohl PCs mit Windows 10 oder 11 wie auch Macs bieten die Möglichkeit, aus der Ferne geortet, gesperrt oder gelöscht zu werden, wenn Sie am Gerät mit Ihrem Microsoft Account (Windows) beziehungsweise Ihrer Apple ID (Mac) angemeldet sind.

1 Unter Windows finden Sie die Einstellungen unter *Einstellungen*, *Datenschutz & Sicherheit* (Windows 11) beziehungsweise *Update & Security* (Windows 10). Die Schalter sollten auf jeden Fall aktiv sein, sonst nützt Ihnen die Funktion im Verlustfall nichts!

2 Im Verlustfall können Sie dann die Übersicht der Geräte abrufen unter account.microsoft.com/devices.

3 Klicken Sie das verlorene Gerät an, dann auf *Suchen*, um die Position zu finden, auf *Sperren*, um das Gerät zu sperren.

Und so geht das bei einem Mac:

1 Hier geht es um die Ortungsdienste. Diese finden Sie unter *Einstellungen*, *Sicherheit & Datenschutz*, *Ortungsdienste*, *Systemdienste*, *Details*. Dort muss *Meinen Mac suchen* aktiviert sein.

2 Wenn Sie ein Macbook (oder ein iPhone oder iPad) verloren haben, rufen Sie icloud.com/find über den Browser eines beliebigen Gerätes auf.

3 In der Geräteliste suchen Sie das verlorene und klicken es an.

4 Klicken Sie in der Übersicht auf *Gerät löschen*.

Das kann bei beiden Betriebssystemen allerdings nur funktionieren, wenn die Geräte online sind und die Anforderung zur Sperrung oder Löschung an sie geschickt werden kann.
Auch im Fall des Geräteverlusts sollten Sie kritisch hinterfragen, welche Daten darauf gespeichert sind, und wie im vorherigen Abschnitt beschrieben vorgehen. Die Passwörter der Dienste, die Sie mit dem Gerät aufgerufen haben, sollten Sie ebenfalls ändern, denn die sind ja oft auf dem Rechner gespeichert. Ändern Sie als Erstes das Passwort für das Systemkonto, also des Microsoft Accounts (Windows) oder Ihrer Apple ID (Mac), und dann die Passwörter der Dienste, auf die Sie mit dem Gerät zugegriffen haben.

Ausweis- und Kartenverlust

Bank- und Kreditkarten sind ein beliebtes Ziel von Dieben, aber sie gehen natürlich auch einmal ohne Fremdeinfluss verloren. In beiden Fällen ist schnelles Handeln angesagt, denn neben dem finanziellen Risiko droht Identitätsdiebstahl.
Lassen Sie Karten unbedingt sofort sperren! Machen Sie das auch, wenn die Karte vom Geldautomaten einbehalten wird oder Sie sie nach längerer Suche nicht wiederfinden.
Die Kartensperre können Sie telefonisch veranlassen. Zu den Öffnungszeiten Ihrer Bank rufen Sie direkt dort an. Geht das nicht, nutzen Sie den Sperrnotruf 116 116: Die Nummer ist in Deutschland rund um die Uhr per Fest- und Mobilfunknetz kostenlos erreichbar. Dort können Sie die Girocards von allen Kreditinstituten sperren lassen, meistens sperrt der Notruf auch die Kreditkarten von American Express, Diners Club, Mastercard und Visa. Unter www.sperr-notruf.de gibt es einen Teilnehmerfinder.

Müssen Sie eine Karte aus dem Ausland sperren, wählen Sie die Vorwahl nach Deutschland (meist +49) vor der 116 116. Der Anruf ist kostenpflichtig. Funktioniert die 116 116 nicht, nehmen Sie die +49 30/40 50 40 50.

Macht Ihre Bank beim gemeinsamen Sperrdienst nicht mit – wie etwa die Postbank –, brauchen Sie die Sperrnummer Ihrer Bank. Auf www.kartensicherheit.de unter dem Menüpunkt „Karte sperren" finden Sie auch die Nummern der Kreditkartenherausgeber. Es gibt auch die Sperr-App 116 116 für Smartphones. Mit ihr können Sie Zahlungskarten direkt aus der App sperren.

Anzeige bei der Polizei

Zeigen Sie den Diebstahl Ihrer Karte an und lassen Sie sich einen Nachweis für die Anzeige geben (Zeitpunkt und Name des Beamten). Die Polizei veranlasst zusätzlich, dass die Girocard (früher EC-Karte) im Handel nicht mehr für das Lastschriftverfahren mit Unterschrift eingesetzt werden kann – die sogenannte Kuno-Sperre.

Kontrolle der Kontoauszüge

Kontrollieren Sie Ihre Kontoauszüge in den nächsten Wochen noch gründlicher, damit Sie betrügerische Abbuchungen sofort bemerken und bei Ihrer Bank melden können. Solange Sie nicht grob fahrlässig gehandelt haben, haften Sie bis zur Sperre der Zahlungskarte je nach Bank mit maximal 50 Euro.

Risiko Identitätsdiebstahl

Wenn persönliche Daten öffentlich werden, kann jeder diese Informationen für eigene Zwecke missbrauchen. Unabhängig von der Haftungsfrage sollten Sie sofort nach Kenntnis Anzeige bei der Polizei erstatten. Achten Sie in der Folgezeit sehr genau auf Rechnungen, Abbuchungen und Mahnungen und widersprechen Sie diesen direkt, wenn sie unrechtmäßig sind. Melden Sie sich auch bei der Schufa: Die hat eine eigene Betrugsabteilung.

Stichwortverzeichnis

Die Stiftung Warentest wurde 1964 auf Beschluss des Deutschen Bundestages gegründet, um dem Verbraucher durch vergleichende Tests von Waren und Dienstleistungen eine unabhängige und objektive Unterstützung zu bieten.

Andreas Erle ist Blogger und Autor zahlreicher Bücher und Artikel zu den Themen Computer, Smartphone und Internet. Bei der Stiftung Warentest sind von ihm unter anderem die Ratgeber „Windows 11" sowie „Spurlos im Internet" erschienen.

Unser Umweltversprechen

100 % Recyclingpapier spart Holz, Wasser und Energieressourcen

Gedruckt mit mineralölfreien Druckfarben

Produziert in Deutschland: kurze Transportwege und hohe Umweltstandards

Lützowplatz 11–13, 10785 Berlin
www.test.de, email@stiftung-warentest.de

USt-IdNr.: DE136725570

Vorständin: Julia Bönisch
Weitere Mitglieder der Geschäftsleitung: Dr. Holger Brackemann, Daniel Gläser und Dr. Birger Venn-Hein

Programmleitung: Niclas Dewitz
Autor: Andreas Erle
Projektleitung: Johannes Tretau, Eva Gößwein
Lektorat: Eva Gößwein, Magnus Enxing
Korrektorat: Magnus Enxing
Fachliche Unterstützung: Martin Gobbin, Benjamin Barkmeyer, Robert Brandt, Georg Dahm
Titelentwurf: Daniela Greven
Grafik, Satz: Christian Königsmann
Screenshots: Andreas Erle
Bildnachweis: Umschlag: AdobeStock (Titel); GettyImages

Produktion: Christian Königsmann
Verlagsherstellung: Rita Brosius (Ltg.), Romy Alig, Susanne Beeh
Litho: tiff.any, Berlin
Druck: MEO MEDIA, eine Marke der Meinders & Elstermann GmbH & Co. KG, Belm

ISBN: 978-3-7471-0752-2